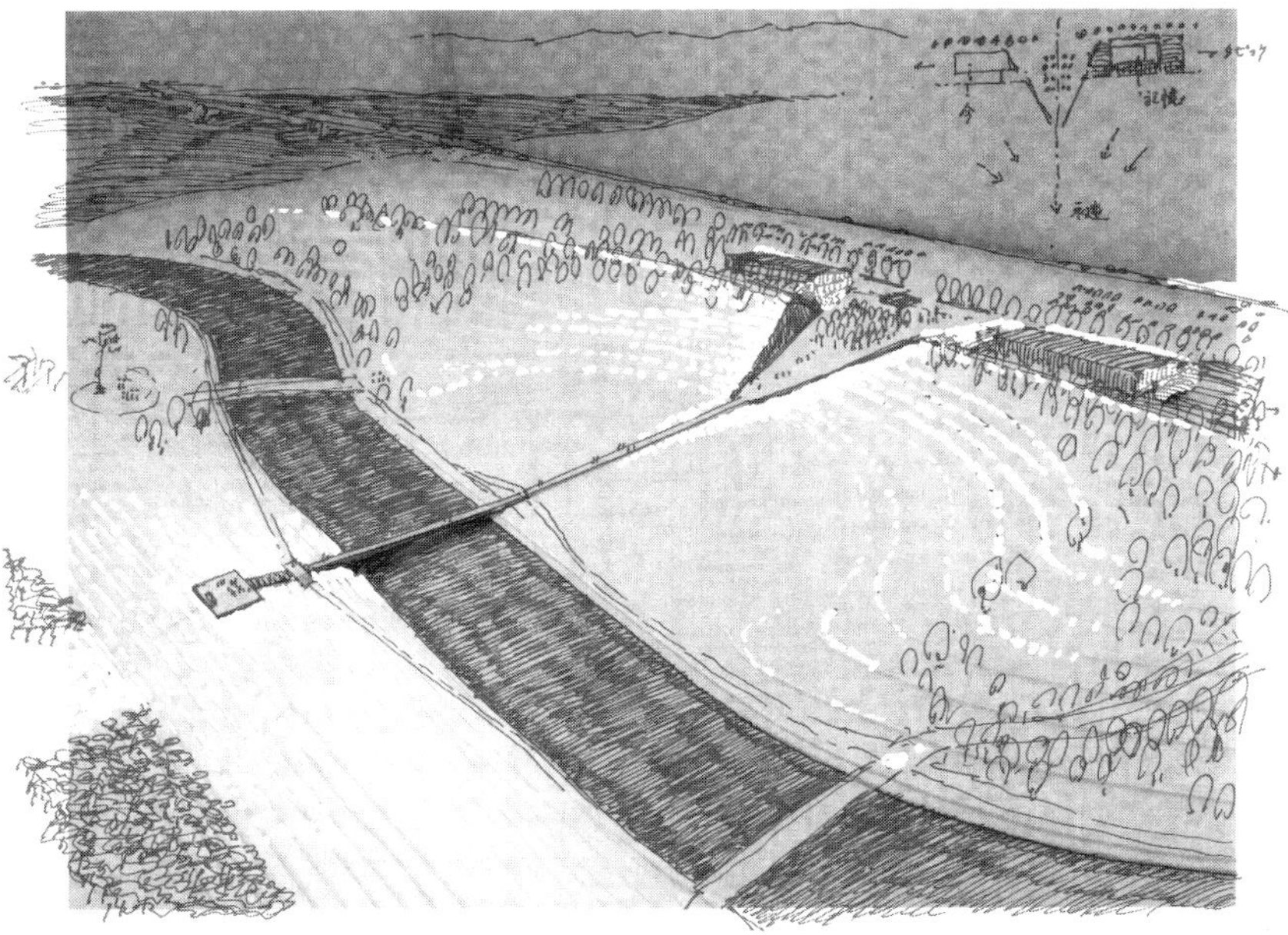

空間のちから

内藤廣

Naitō Hiroshi

王国社

まえがき

二〇〇九年の『建築のちから』、二〇一六年の『場のちから』に続くものとして、『空間のちから』という表題になりました。三部作にするという編集者の思いによるものです。したがって、ここに納められた文章は、もとより標題を目指して意識的に書き連ねたものではありません。それでも、文章を集めた印象からこうなったのだとすれば、わたし自身の意識が及ばないところで一群の文章が像を結んでいたのかもしれません。

ここに納められた文章のほとんどは、大学を辞して建築に専念しようとした時期、それと同時に三陸の被災地に通い続ける日々の中で書いたものです。その意味で、建築をつくりたいという強い気持ちと、そんなことには何の意味も無い、という真逆の気持ちとの葛藤が通奏低音のように裏に流れています。

大震災のあの日は、大学での最終講義の日でした。講義の三〇分前、大きな揺れが来ました。悪い予感がしました。ただちに予定していた講義を中止し、集まってくださったたくさんの方たちにお帰りいただきました。運命的なものを感じました。以降、三陸に通うことになります。

あの悲惨な情景に衝撃を受け、しばらくは建築について語る気になりませんでした。とくに自らの建築については、触れる気にもなりませんでした。それでも、機会があれば何かを語らねばと思い始めたのは、少し落ちついてきた数年後のことです。

はじめは、「空間のちから」というこの本の表題には戸惑いがありました。わたしは、豊かな空間をつくりたいと思ってはいるけれども、それが目的ではありません。とくに3・11以降はその思いが強くなっていきました。しかし、「空間のちから」という表題は、空間そのものを存在させるその背後にあるもののことだ、と考えれば、わたしの求めるものと合致します。つまり、時間のことです。

空間を成立させ、空間を息づかせるには膨大な努力が必要です。そして、それを依頼主の前に生け贄のように捧げる。これがわたしの仕事です。数えきれないくらいの夜なべ仕事、どんな隙間でもイメージを膨らませていくこと、スタッフたちの作業、たくさんの現場の職方たちの汗、そんな膨大な献身の数々が、捧げものである空間を支えています。

それでもなお、その捧げものの出来不出来が目的なのではありません。それが時間の中で生命を与えられ、生きていくこと、それこそが目的なのです。

この捧げものを高いレベルでつくり上げるためには、実現されるべきものへの強固なイメージが必要です。わたしの場合それは、図面に描かれ、模型で検討を重ねた形や空間にはありません。必死でイメージしようとするのは、その先、それが生きていく時間なのです。頭の中に生まれるのは、形のないモヤモヤしたもの、言葉にならない漠然としたものです。空間は生み出される時間を思い浮かべるための手がかりでしかありません。膨大な日々の作業を支え、生み出される空間に真の「ちから」を与えるのは「時間」のイメージなのです。

わたしにとって、「どのような空間が生み出されたか」より「どのような時間が生み出されたか」のほうが、はるかに重要なことです。空間はそれに至る手段に過ぎません。でも、不思議なことにこのことに言及する人はあまりいません。時間のイメージは、その時代の人々が日常の暮らしの中で意図的に遠ざけているもの、すなわち無意識そのものだからです。そして、それはそれ自身のなかに「死」のメタファーを含んでいるからです。三陸に通う中で思い出したのはこのことです。

本来、「時間」こそは、建築にもっとも親しい価値であったはずです。建築は時間を扱い、そのことによって生命を付与されてきたはずです。人はさまざまな意匠を凝らした空間に目を奪われがちですが、多くの人がそれに固執するのは、それが商品になるからです。変わった形や奇妙な空間は、売り買いするのに便利です。つまり、資本主義社会の駆動力に寄与するからです。

しかし、本来の建築の価値は、社会で消費されるためではなくて、人の生きる長さを越えて何事かを伝えるところにあったはずです。もしそうであれば、建築が力を得ようとすれば、必然的に時間を味方につけねばならないはずです。

わたしもこの年齢になって、残りの時間が少なくなりつつあるのを感じています。あとどれだけ建築をつくり出すことが出来るのだろう。あとどれだけ文字を書き記すことが出来るのだろう。そんなことをときたま考えるようになりました。無駄なことに時間を浪費するわけにはいかないのです。だから、問題を整理してかからねばならなくなりつつあります。物事の語り方も、回り道をせずに直裁的になってきています。

「空間のちから」は、時間という大海原から得られるのです。ここに書き記した文章は、どれも不十分なものです。異なる目的、異なる状況で書かれたものですが、端々に時間への思いと問いかけが埋め込まれています。

「空間のちから」がまだ可能だとしたら、そして確かにそれが在るのだとしたら、それはどこからやってくるのか。それを読んでくださるみなさんとともに少しでも共有できたら幸いです。

書いた文章は、その都度真剣に考えて書いたものばかりです。いつも、可能な限り自分の中で抱いている変わらない感覚を書くように努めています。だから、一〇年を経ても、あまり目覚ましい進化はしていないかもしれません。幸いにもお付き合いくださるなら、多少、退屈するかもしれませんが、たまには世の中に右顧左眄しない、否、それができない不器用な思考を見ていただくのもよいかもしれません。

空間のちから＊目　次

復興における空間の力

（復興デザインフォーラム二〇一九 基調講演）

二〇一一年三月一一日、わたしの最終講義の三〇分前に大きな揺れがきた。最終講義は中止し、中庭に集まっていただいた。一四時四五分くらいに揺れが来たが、一五時一五分頃には研究室の中井祐教授と相談し、参加者にはすぐに帰宅していただいた。その後、三専攻の講師以上の方に集まっていただけないかということでメールを送って、三日後、すべての先生方が集まって議論したことを覚えている。建築・都市・土木に限らず、これをどう受け止めるか、どうしたらよいのか、というのがこの「復興デザイン研究体」の発火点と言ってもいい。

大谷幸夫先生の話をしようと思う。二〇〇五年頃、大谷先生にお願いして、この工学部一号館の一五号教室で喋っていただいた。

大谷先生は戦災にあわれて苦労されたが、あの時にどれだけ食べなくても大丈夫か訓練をしたとおっしゃっていた。印象的だったのは、表参道と青山通りの交差点の話。最近は、建築家がいろいろと建てているが、あそこが死体の山だったのをちょっとでも想像した人はいるのかね、と仰っていた。あそこは丘になっており、周りから焼きだされた人たちの死体の山だったらしい。今は、あれから六〇年程経過し、みんな忘れている。3・11もそうかもしれない。時間の流れに対してどうするかを考えた時に、大谷先生のことを思い出した。あの世代は、丹下健三先生も含めて、焼け野原を肌で知っている。そういう世代が計画や制度をつくる時は、ある種の抑制がきいていたのではないか。今、そうした世代はいない。われわれはそういう時代を生きていると認識しなくてはならない。われわれは三陸で起きたことをリアルに知っている。しかし、もうしばらくすると、その風景を写真でしか知らない人がどんどん増えてくる。だから何か考えなきゃいけないんだと思う。先ほどのプレゼンで野原卓さんが言っていたが、見えなくても伝える手段を残さないといけない。

　復興デザイン研究体はそういうことを考える場所だと思っている。三陸と福島では大変なことが起きた。しかし最近感じるのは、考え方を変えれば、この時代に立ち会えたことは幸運だとも思う。様々なことがあぶりだされるからだ。この間、羽藤英二さんといろいろ社会的な問題について議論をしてきた。でも、あれだけの災害がなければ見ないで終わっていただろう。最近は集会所の話で窪田亜矢さんと福島に通い始めた。五坪ほどの小さな建物の増改築の設計だが、現地の元気なおばさんたちと会って話していると、一時間後には泣き出している。そこで伝わってくるのはとても大切なことだが、ああいったことがなければ経験することもなかっただろう。人間とは何か、建築とはなにか、共同体とはなにか。そういうことを深く考える機会だということだ。チャンスをもらっているのに活かさなければ、未来に対して失礼だろう。それは建築も都市も土木も同じだと思う。

　これまで二〇〇回以上三陸に通う中で感じるのは、現実の力はものすごいということだ。現場に接近すればするほど、思考を強固に持っていないといけない。フィールドに接近すればするほど、概念的に考える部分を持たないと負けてしまう。先ほど窪田さんが理念の話をされたけど、それはよくわかる。復興デザイン研究体として、より強い武器を持って現場に深く入るというのをやらないといけない。スーザン・ソンタグが『この時代に想うテロへの眼差し』という、9・11のあとの世界をどう見るかという本を出している。この本の中に「サラエヴォでゴドーを待ちながら」という素晴らしい文章がある。それはサラエヴォの戦場のど真ん中で書いている。現実に迫るほど思考が必要だ。その対比の中でわたしたちは鍛えられていくんだと思う。

もう一つ、提案があった「たられば」は、すごくいいと思った。ジャン・ボードリヤールが来日したとき、イラン・イラク戦争とかを、なかったことにしてみる、という話をしていた。歴史上にあったことをなかったことにしてみる。当時、なんでそんなこと言うのか理解できなかった。豊臣秀吉が明智光秀に負けたら、とかなんでもいいが、わたしたちは歴史を蓋然的な事実として無意識に受け止めていると同時に、それに対して思考することをやめている。その思考をもっと広げよう、そうじゃないと未来への思考も広がらない、とボードリヤールは言っていたのだと思う。歴史的な制度や事実に対しても、未来に対しても、もっと自由になって思考すべきだ。その意味で、「たられば」思考はいいと思った。

わたしがまだ東大に勤めていたときに、文学部長の小松久男先生から本をもらった。医学部と連携してつくった死生学の本だ。医学は死に直面して生死を扱う。文学は心の問題だけれど、連携して研究会をしていた。そんな話がもっとあるべきだと思う。法学部、工学部、医学部、東京大学はフルセットで持っているのだから。羽藤さんが先程、石川憲治先生から制度設計はちょっとと、ストップを食らったと言っていたけど、わたしは少し違って、たらればでもいいから制度設計をやってみるべきだと思っている。土木学会の前会長だった大石久和さんの文章では、南海トラフが起きると経済被害と実質資産被害の合計で一四〇〇兆円を失うことになるという。そうなると国家財政の破綻だと書かれていた。そうなれば制度そのものを考えないといけなくなる。そもそも石川先生が言ってるような民主主義とか立憲主義そのものが瓦解する可能性はあるんだから、今から考えておかなきゃいけないと思う。石川先生と議論したとき、非常事態法みたいな法律を時限立法でだしたらどうか、という話をしたが、ヒトラーが政権を取る時に、戒厳令的な制度を使った。不届き者が歴史に現れることを許すことになるので、憲法学者としてそれは出来ないと。それは正しいが、ひょっとしたらそれ自体が崩れるかもしれない。今度南海トラフが起きたらとんでもない規模になり、とんでもない数の人が死ぬかもしれない。三陸の一五倍の規模で起きる。それをどう考えるのか。憲法が生命財産を守るといっていることも揺らいでいくかもしれない。個人と国家との関係を語らざるを得なくなるはずだ。

もうひとつ、今の憲法には「私権は尊重されなければならない」と書かれている。でも「ただし公共の福祉に反しない限り」と但し書きがある。民法にも書いてあるし、行政法である都市計画法にも、土地法にも、私の権利と公共の福祉が併記されている。日本ではこの公共の福祉について、戦後一貫して議論されないで、私権ばかりが議論されてきた。これから、私の権利と公共の福祉のバランスをどうとるのか、そこを議論するべきではないかと思う。

岩手県の津波防災技術専門委員会でほぼ二年間にわたって、東北大学の首藤伸夫先生から津波に関する話を聞かせていただいた。そこでつくづく思ったのは、工学の敗北ということ、自然は制御しきれない、ということだった。津波は極めて個別的であると首藤先生が何度も言われていた。でもそれを前提としたら人の暮らしが組み立てられない。だから、先生が委員会で何回発言しても、しばらくすると役所の仕組みの中で消えていってしまう。どうしてかといえば、不確かでも、安全です、と言わないと行政的なスイッチが入らないから。国は国民の生命財産を守ると書いてあるから、そこのスイッチが入らないと土地法も都市計画法も集団移転特別措置法も使えない。だから不確かでも、安全だ、と言い切らないといけない。委員会でも、すごく本質的な議論をしたのに、結局は建前的な行政措置になってしまった。復興のための制度設計と運用を、次に来るものには備えておいたほうがいいと思っている。

このフォーラムのタイトルが「空間の力」。「空間」というのは化け物みたいな言葉。建築界はこの言葉に一〇〇年くらい悩んでいる。明治造語なので元々深い意味もない。その都度解釈して使わなければならない。再定義のようなことができたらと思う。

もう一つは「デザイン」。デザインとは何か、この国で正確に答えられる人に出会ったことがない。もともとdesignateで「指し示すこと」という意味。基本的にはヒューマンインターフェイスをどう形作るか、それがデザインだと思っている。何も知らない一般の人たちにどう理解してもらうかというときに、人の暮らし、そこに技術が届く最後のところがデザイン。そう理解すると復興デザイン研究体というのがわかりやすい言葉になるのではと思う。

「空間とは、和解の場である」。こう考えたらどうだろう。例えば、ここに今日一堂に会して理解を深めようとしている。違う考えを持った人たちが、このスペースの中で和解をしようとしている。建築でいうと、空間をつくることによって、制度的に仕切られているものが和解をする。空間をつくる場には技術者からクライアントまで様々な人が集まっている。もしこの空間が、唯

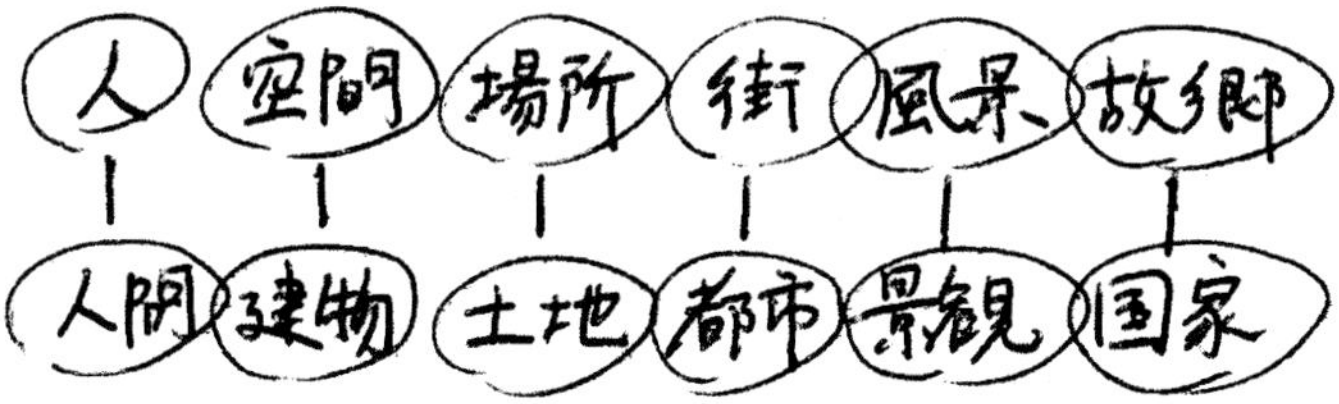

一無二の素晴らしいものだとしたら、木を削っていた人も鉄筋を運んでいた人も、プロセスを通して和解しあえる装置なのではないか。

これは復興というプロセスも同じ。復興というプロセスを通じて、そこが和解の場になり得る。制度や資本主義の制約によって、われわれの社会は気づかないうちに細切れになっている。「空間」という坊主の空念仏のようなものの中に、バラバラになったものが和解できる可能性がある。

一〇年ほど前に、ある雑誌で書いた文章に添えた図がある。なんとなく対立的に、人－人間、空間－建物、……と、器と中身みたいなものを書いている。主に語りたいのは、場所－土地、街－都市、風景－景観、故郷－国家。上段はフィジカルなもので、下段はメタフィジカルで、人間の概念。例えば、場所－土地。ある人が、「ここは俺の場所」といった時、それは貨幣価値に置き換えられない。でも、「俺の土地」といえば売買可能なオブジェクトになる。場所と土地という考え方。土地は法制度にのっかる、だから資本主義社会の商品になる。

「場所」、といったときには、それは個人の記憶など、そこに時間が関わる。被災すると暮らしの「場所」が失われるが、復興に際して制度的には「土地」を扱わなきゃいけない。そこにさまざまな矛盾が生まれる。もう少し言うと、「景観」や「風景」というが、風景は景観法にはまらない。風景はそれぞれ心の中に持っているものだから。法律の中では景観といわなければならない。このあたりは、「建築」と「建物」が混同されて語られるのと似ている。

houseとhomeで考えてみる。houseはモノだから法律にのっかるけど、homeは人の心の中にあるので法律にのらない。わたしたちはこの国で、フィジカルなものと、それに法と文化といったメタフィジカルなものを組み合わせて生きている。福島に行くと、避難指示をされていたあのおばちゃんたちは「場所」を奪われたと言える。この切り分けられた二つを調停し和解させるものが「空間」だと思いたい。小さな集会所でもいいが、皆が行きたくなるような場所があったとする。そういう場所があったら、和解の場としての空間はあり得ると思う。それが今回皆さんが設定した「空間の力」の意味だと思う。「人」と「人間」、「空間」と「建物」はどう違うのか。本来別々のものをどう和解させられるか、そう考えると面白いのではないか。

最近、オルテガ・イ・ガセットをもう一回読み直している。『大衆の反逆』の中には、今回の被災を考えるうえで、役に立つ話が山ほどある。彼は「死者の民主主義」という言葉を使っている。窪田さんから、コミュニティが何かを決める、という話があったが、それは生きている人が決めている、ということだ。本来は、そこに亡くなられた方やもっと前に亡くなられた方の考え方や生き方も含めて、どういうまちにしていくかとか、モノを決めなければならない。民主主義というのは、今いる人だけで多数決で決めるだけじゃ足りない。チェスタートンという人は、会議に死者を召喚すべきだ、頭の中に死者を思い浮かべるべきだ、そういう人も含めて未来を決めるべきだと言った。被災直後はそういうことがあったかもしれないが、だんだん薄まっていって、本当にこれからどうするんだろうというくらい薄くなっている。そこをもう一度思い出さなければならない。その中に、死者とともにある民主主義的なものを携えないと、「空間」は力を持ちえない。死者を会議に召喚すべきだというのは、過去を呼び戻すということではない。わたしたちが議論する上で、その人達の声を背負い、未来のまだ会ったことがない人たちに届ける、現在を過去から未来への媒介物のように思わないと、物事を決めちゃいけないんだと思う。

大谷先生は、そういう気持ちで都市計画を語っていた気がする。大谷先生の事務所には粘土でつくった建築模型があって、「何もないといつも火事のことを考えちゃうんだよね、ここから避難しなきゃとか、そういうこと考えながら設計しているんだ」と模型を触りながらおっしゃる。大谷先生は自分の体験の中にある、亡くなった方たちとともに建築や都市を考えていた方だと思う。最初にも言ったが、わたしはこの時代に居合わせたことを意義深いと思う。特に若い方。そう考えて、復興や研究をやってもらいたい。この国はいずれ瓦解する。そう遠くないときに。その時には、本気で新しいものを、仕組みを含めて考えなきゃいけない。今は、想像力を駆使して考え、語り合い、備える時だと思う。

（質疑）

学生（北海道大学博士課程）わたしは東北に通いながら活動している。住宅に対する考え方で、憲法を考え直さなければならないという話、私財に対する公共投資が出来ないのが問題で、考え直さないといけないと思う。内藤先生のご意見としてはどうか。

内藤　思考回路に入れてもう一度考えてみてはどうかということだ。憲法も民法も、勉強し理解した上でどうしたらいいかを考えてみる。役人は法律を越えて動くことは出来ない。だから、復興という仕組みの前で、わたしたちは法律を理解しないと現実を理解できない。憲法も含めて、なぜこうなっているのかを理解しなければならない。ある専門家と話したんだけど、憲法は剛構造、民法は柔構造でできているんだという。民法は柔らかくしておかないと、人の暮らしに近いところは扱えないらしい。その柔らかいところに、災害があったときに、復興に役立つような仕組みを差し込めるのではないか。

そのとき「私」の権利をどう考えるか。土地所有に関してはだれもが私権を主張する。しかし、その挙げ句の果てに、もっとも欲しくないものを手にするということもある。土地は所有出来ないという国もあるし、シミュレーションするのはいいのかもしれない。日本で土地を所有出来ないことになったら大騒ぎになるけど、そういう仕組みを知っておくことも重要だ。土地の所有がなくなったら共産主義だと言う人もいるが、都市だけでなくこの国の山野の管理は現行法では維持が不可能なところにまで来ている。

意外に聞こえるかもしれないが、住宅の所有という点では、いまは「家」という仕組み自体がないということを思い出すべきだ。明治まではあった。江戸時代から続いてきた「家」が、明治憲法では家父長の具体的な権利としてあった。つまり「家」は法律で保障されていた。戦後、マッカーサーが一番壊したかったのはそれなので、新憲法には「家」という言葉がない。だから「家」の「族」である「家族」もないのだ。婚姻届や出生届があるので、つまり夫婦や親子はあるが、「家」も「家族」も法律には無い。実は住宅の定義もない。でも、住宅と家族があると思わないと戦後の住宅マーケットが成立しないので、あたかも「家族」があるかのように、「家」のイメージを人々に植え付けただけだ。これが資本主義だ。それでできたのがイメージとしての「家」なんだと思う。公営住宅も再建住宅も、それらはある種の虚像の上にできている。家というのが個人の最小単位として適切なのかも考えてみる必要がある。被災地に行くと家族を亡くされている方がかなりの数いる。家族を亡くすと、逆にそのことが頭の中に強烈によみがえる。つまり、亡くしたものほどイメージとして強烈によみがえる。それが人間の心の有り様だと思う。それには向き合わなければいけない。ここにも矛盾がある。

これを機会にそんなことを考え、議論していくべきだ。復興を考えるということは、日本が戦後つくってきた社会や制度や価値観を新たに考えることだ。そうとらえた方が無理が無いしクリエイティブだと思う。

I

「空間」と呼んでいるものの本性は、「和解の場」のことなのかもしれない。

建築の背後に在るもの、多くの場合、それは社会的な欺瞞の集合体です。これは建築がおおきな経済の仕組みに組み込まれている以上、仕方のないことです。欲望、打算、駆け引き、無責任、無頓着、それらのことが建築というフィールドで激しく交叉します。でも、人間はそれだけが関心事の絶望的な存在ではない、と信じています。

建築への道筋が見えてくると、関わる人の顔つきが変わってきます。この世のしがらみを脇に置いて、欲望が希望に変わり、打算が夢に変わり、駆け引きが解決策に変わり、無責任が誇りに、無頓着がこだわりに変わります。そんな姿を幾度も目にしてきました。これはうれしいものです。良い建築を構想し、少しでもましな図面を描こうとするのは、その喜びを得るためです。

時として、言葉は助けになります。思考は世の荒波を受けて右往左往しがちです。自分の思考を磨き、見失いそうになる道筋をより明確なものにするためには、どうしても言葉の助けが必要です。しかし、建築を思考しそれを言葉にすることは、ある種の苦痛を伴います。語れば語るほど、その建築が内包している言葉にならない物語から遠のくような気がするからです。

それでも語る必要があります。なぜなら、建築は空間と時間の複雑な織物のようなもので、多くの人は表面の柄だけを見ていて、その内実には興味がないからです。とくに、自分が生み出すことに関わった建物に関しては、その生み出された内実に少しでも興味を持っていただくよう、言葉にせねばなりません。

わたしは自分の建物を「作品」と呼ぶことに抵抗があります。この呼び名は芸術の領域に属するものだからです。もちろん、建築にもその要素が色濃く含まれますが、この領域から自己言及するのは奇異なことです。画家や音楽家が、自らの直感の限界をまさぐるようにしてつくり上げたものを、長々と説明することはありません。もともと説明不可能な領域なのですから。説明不可能なところにこそ、その作品の価値の本質があるはずです。

ところが、建築はこの感性の臨界点を含むことは間違いないのですが、それはわずかな部分で、ほとんどが技術や経済や制度などで占められています。わたしは可能な限り、技術や経済や制度の側から論じるように心掛けています。それを入り口に、少しでも興味を持っていただきたいと思っているからです。

それでも本音を言えば、感性の臨界点にあるもの、直感から得たもの、これらは実際に身を置いて体験していただくしかありません。そこで生み出される一期一会の時間のなかに、言葉で語れなかった建築の本質があるのだと思っているからです。

母なるものと父なるもの

引き波の力

一体全体、われわれはどんな時代を生きているのだろう。被災から九年、おおよそ津波からの復興は、福島を除いて最終盤にさしかかっている。その後も地震や台風などの災害が報じられるたびに、時代が通り過ぎつつあることを実感している。社会的な仕組みはなにも変わっていないのに、これでいいのか、という思いがわき上がる。一方で、あまりにつらいことが起きると、人はそれを脇に置いて忘れていかなければ、明日を生きていけない。それも事実だ。震災後に本江正茂さんが本誌(『新建築』二〇一一年五月号)で書いた印象的な一文「引き波に気を備えよ」を思い出す。引き波の力は想像以上に強い。

神なき時代の祈りの空間

関川秀雄監督による一九五三年の映画『ひろしま』は、原爆の当時の様子を出来るだけ再現しようとボランティアが八万人も動員された凄まじい映画だ。その最後のあたり、わずかに復興しつつある市街地を市民の群れが流れていくシーン、その画面左上に、一瞬、ピースセンターが半分だけ背景として映る。まだ構造体だけで、二階の縦のルーバー越しに向こう側が見えているから工事途中だったのだと思う。荒れた市街地の風景の中に、その建物は鮮やかに未来を指し示すように見えた。

丹下健三の設計によるピースセンターと平和記念公園は、戦後建築がもっとも鮮やかに建築的な力を示し得た記念碑的な作品だ。かつて書いたことがあるが、原爆ドームに向かうあの軸線を見出だしたことが全てであったと思う。

陸前高田の追悼祈念施設に於いて、広島のことが念頭にあったわけではない。どのようにすれば祈念という言葉に至る場をつくり出すことが出来るのか、しか頭になかった。海（自然）に思いを致すこと、そのことによってあの日に起きたことを百年後にまで受け渡すこと、を常に念頭に置いて計画を組み上げた。

今から思えば、軸線を強く意識した時点で、広島との繋がりは生じていたのかもしれない。あるいは、歴史的なものは軸性を見出すのかもしれない。そこに繋がるものがあるとすれば、それはこの種の施設が持つ必然的な解なのだろうし、あの歴史的な作品に類型として連なるものがあるとすれば光栄なことである。

ただし、祈る相手が違う。どちらも文明そのものに再考を迫る施設であることに変わりはないのだが、広島は原爆という人災なのに対して、ここでは自然がその対象となる。そこには心の向き方に大きな違いがある。その有り様も本質的にまったく異なるものだろう

目の前に長さ二㎞に伸びる高さ一二・五ｍの長大な防潮堤がはだかる。広大な県営の公園の一部に設定された国営祈念公園の敷地は、海の見えない防潮堤の背後の低地にある。何に祈るのか、

祈るとはどういうことなのか、遺族の方たちの思いはさまざまだ。たどり着いたのは、「海に対して想いを馳せる」ということだった。それを祈りと呼んでもいい。

この目的に対して、建築に出来ることも周囲の公園施設に出来ることも、実はわずかなことでしかない。ただ、この場に身を置かれた方たちが追悼に向けて、暮らしの中で身に纏ったもろもろの心の夾雑物を取り除いていき、「心を整えるための助けとなる装置」として空間をつくることは出来る。

残されたモノだけが何かを語る

人の名前など一〇年もすればみんな忘れる。どんなプロセスで、どんな苦労があり、どんな思いがあったのかも忘れる。一〇〇年という長さを思い浮かべれば、残されたモノだけが何かを語る。そうであれば、可能な限りベストの結果を得るにはどうしたらよいか、のみを考えるべきだ。それがこのプロジェクトを引き受ける覚悟をしたときに思い定めたことだ。自分が主体的に関わった方が良い結果が得られる、と思ったので自ら手を出すことにした。

この間、復興に関して、国や県や市町村で加わった委員会は一六にのぼる。わたしは公園の在り方を検討する委員会（＊1）の委員だった。コンサルタントから委員会に幾つも案が提示される。それまで普通の公園程度のことはやったことはあるだろうけれど、慰霊の場をどのようにつくるかを考えることなど出来るはずもない。初めから無理な話だったのだ。あまり出来のよくない見当違いの提案を審議する気の重い会議が何回も続いた。その最中、説明用に配られた紙にいたずら描きのようなスケッチを描いた。

この考えを委員会のメンバーに示したところ、事務局も含めて全員がこの考え方がよい、ということになった。これまで幾度か経験したことがあるが、何気なく線を描き、その手の動きによって無意識が意識化されるという瞬間がある。委員会に示したのは、そういう類いのものだった。それまで迷路に入り込んでいたのが、いきなり見通しの良い広場に出た、という印象だった。結論はこれしかない。

設計者として立つということ

しかし、これを慰霊のための心のこもったもの、場の全体を精神的なものにするには、この体制のままではとても無理だと判断して、あえて火中の栗を拾うことにした。委員会の下にワーキング(＊2)をつくり、かなり具体的に手を動かした。求められているのは手続き論より「何が残せるか」だ。後世に残すのであれば、この時代の人間に何が出来たのかが問われる。残し方はどのようであってもよい。委員長に相談して委員を退任し、最終的に建物についてはプロポーザルに応募して設計を委託され、建物に専念することが出来た。

県の大きな公園の中に国営祈念公園を包含することになる。さらに、公園(国の東北地方整備局)、道の駅の復興(国道、市)、伝承施設(県)、川をまたぐ人道橋(県の河川)、防潮堤(県の大船渡土木事務所)など、これらが各境界で鬩ぎあう。しかし、それは行政側の事情で、この施設を訪れる人たちには関係がない。すべては一体のものであり、追悼と復興を象徴する場をつくるためにひとつにならねばならない。

思いはひとつ

公園の全体構想については検討会議（＊3）が設けられ、土木全般について平野勝也東北大准教授、ランドスケープについては造園が専門の工学院大学の篠沢健太教授がワーキングに加わり、わたしも含めた三人で、国、県、市の複雑な行政の取りまとめをやっていった。違和感なく軸線を通すには、諸官庁の協力が不可欠だったし、なによりデザイン的な一貫性を実現するに際しては、このお二人との共同作業が大きな役割を果たした。また、このワーキングに参加した各部局の担当者の尽力無くして、縦割り行政の縛りが複雑に入り組むこの事業が最終的なレベルを獲得することは不可能だったはずだ。

作業を進めるに当たっては、公園の設計を受けていたプレック研究所の奥山伊作さん、展示を受けていた乃村工藝社の齊藤恵理さんとも歩調を合わせるようにした。また、委員長の中井検裕東工大教授はもとより、東日本大震災復興祈念公園基本構想検討会の涌井史郎委員長、発災時に東北地方整備局長として陣頭指揮を執られた徳山日出男元国交省事務次官、具体化するに当たっての推進力となった脇坂隆一元東北国営公園事務所長の理解を得ながら進めた。特に脇坂さんの手腕なくして全てのことは成り立たなかった。また、岩手県の防潮堤の委員会でご一緒させていただいた首藤伸夫東北大名誉教授からも貴重なアドバイスと精神的な支援をいただいた。

震災後、多くの委員会に加わった。その度にこの国の官僚制度そのものの限界を感じていたが、このプロジェクトを通して、それは制度の問題であって、官僚の個々の思いとは違うことを実感した。ひょっとしたらこれがこの間の一番の救いだったかもしれない。皆、思いはひとつなのである。

「二つの包摂線」と「三つの軸線」

まず、あえて痛ましい記憶を留める震災遺構を残す英断を委員会でしたのだから、それらを優しく柔らかに包み込むような「大きな包摂線」がほしかった。二㎞もの長さになる包摂線は、大きなランドスケープで緩くつくり上げる。傷を癒す薄い衣のようなものだ。この包摂線に抱かれるように「小さな包摂線」で国立の追悼エリアになる当該敷地を包む。こちらは幼児を抱く母の柔らかい腕のような在り方だ。

そうすると、きわめて自然な流れで美しい広田湾の中央に向かう軸線が見えてくる。軸線は防潮堤と奇跡的に直角に交差する。これを「祈りの軸」とした。

一方、隣接する旧道の駅である震災遺構のタピック45から、伝承施設、新しい道の駅へと防潮堤に平行に軸線を描くこと、これに、被災、復興、そして未来、という意味を重ね合わせることが出来る。これを「復興の軸」とした。

二つの軸線が交叉するところには水盤を、その上に光が差し込む開口を設け、天空に向かう第三の軸を設えた。この交点から海に向かう「祈りの軸」の先には、式典が行われる広場、その先に「献花の場」、川を渡る歩道橋を経て、防潮堤の上には「海を望む場」を設けた。実はこの公園内で一番大切な場所は、防潮堤の上の一〇m四方のこの小さな「海を望む場」だ。ここは全ての結論のような場だ。この場のために、全ての施設はある。

「祈りの軸」と「復興の軸」の交点は、人々をこの施設に招き入れるゲートとなる。施設は道の駅を含むから、駐車場から施設までの距離が近い。すぐ近くに国道が走り、大きな駐車場が隣接する。配置上、いわゆる建築的なアプローチがまったくない。車を降りてから気持ちを切り替える間がない。だから、ここに意識を切り替えるような強い空間をつくりたかった

軸線の手前の突き当たりには館名を表示する必要がある。これを利用して、目線を遮断する高さに厚い壁をつくり、これを迂回して施設に入るようにした。壁の表側に館名を設置し、裏側に子供たちがタイムカプセルを格納できるように設えてある。

道の駅は商業施設で賑わいが求められる。被災から復興に至る展示は記憶を呼び覚ます場である。「今を生きること」と「思い出すこと」、これらは本来は矛盾する機能である。別々に分けて建てる案もあったが、それでは防潮堤の長大なスケールを受け止めることは出来ない。分けずに一体化し、真ん中にそれらをひとつにまとめ上げる強い空間があればよい、と考えた。

全体構想については、ほぼこれが全てである。後は施設も公園も、この二つの包摂線と二つの軸線が浮かび上がり際立つように組み上げればよい。柔らかく包み込む「二つの包摂線」は母性的なもの、意志的な「二つの軸線」は父性的なもの、と見ることも出来る。

林立する柱と箱桁状の梁

首藤先生から、女川で窓がない機械室に逃げ込んで二八名の方が難を逃れた、というお話をうかがった。だから、出来れば窓のない部屋をつくっておいてほしい、と言われた。避難は高台に逃げることが大前提だが、避難を誘導する人は最後まで残らねばならない。発災すれば何が起こるか分からない。

水没することを前提に橋梁などでよく使われる箱桁状に構造体を構成して、その中に万一の場

合に備えた一切開口部もスリーブもない部屋を設けた。通常は倉庫として使われる。水圧に耐えなくてはならないから躯体はシームレスなＲＣでなければならない。この結果、林立している柱が箱状の構造体を貫いている不思議な断面になった。支持地盤が深いので建物全体を杭と大きな地中梁で支えることにしたため、展示室や付帯施設は鉄骨造にして軽量化を計った。

一見単純に見えるものは単純ではない

空中に鮮やかに抽象的な一本の線を描くことは、建築にとって容易なことではない。ＲＣは±一〇㎜、スチールは±二～三㎜、木軸も±二～三㎜、感覚的な話だが、最上の精度管理をやってもこれくらいは誤差が出るものと思っている。これら素材と工法がもたらす誤差調整をするのがディテールだ。しっかりした骨格をＲＣでつくり、それから離隔してPCaのカーテンウォールで覆うことにした。

長さ一六〇ｍのPCaのファサードをどれだけ誤差なくつくることが出来るかを大きなテーマにした。工場で制作されるPCaパネルの精度管理を徹底し、現場ではレーザー計測を用いて±一㎜の精度でこの長大な壁面を形成することが出来た。現場の取り組みの成果であったことは言うまでもない。

建築に関わるものの一人として、追悼に至る願いのようなものをこの精度に求めた。正面のホワイトコンクリートのPCaパネルで構成したファサードに穿たれた一八四三四の孔は、二〇一八年時点での犠牲者の数だ。この白いファサードは追悼の気持ちを密やかに表している。

和解の場への道具立て

この施設に取り組むようになって、しきりと「和解」という言葉が脳裏に浮かぶようになった。ひょっとしたらわれわれが「空間」と呼んでいる全てのものの本性は、実は「和解の場」のことなのかもしれない。これがあることで、全ては解決できないけれど、腑に落ちる了解の道筋が見えてくる、ということもあり得る。建築や環境が内包する空間とは、全てのものが流れ込み、もつれあい、そしてその和解を用意する場のことなのではないか。

復興を通して知ったのは、目の前にさまざまな亀裂があるということだ。「人と自然」、「生と死」、「過去と未来」、「防潮堤と街」、「復興と街造り」。ここには全ての道具立てが揃っていて、なおかつ孤立したままになっている。

「大きな包摂線」は「街と防潮堤が和解する」ための緩衝材となり、「小さな包摂線」は「過去への祈りと未来への願いが和解する」ような場を醸し出す手助けになるだろうか。「祈りの軸」は「人と自然が和解する気持ち」に寄り添い、「復興の軸」は「亡くなられた方たち（過去）とこれからを生きる人たち（今・未来）とが和解する気持ち」に寄り添うことができるだろうか。

「二つの包摂線」と「二つの軸」には、いまだに生々しく残る目に見えない亀裂を「和解」へと誘う「神なき時代の祈り」が込められている。

＊1　岩手県における復興祈念公園基本構想検討調査有識者委員会
＊2　空間デザインワーキンググループ
＊3　高田松原津波復興祈念公園景観検討会

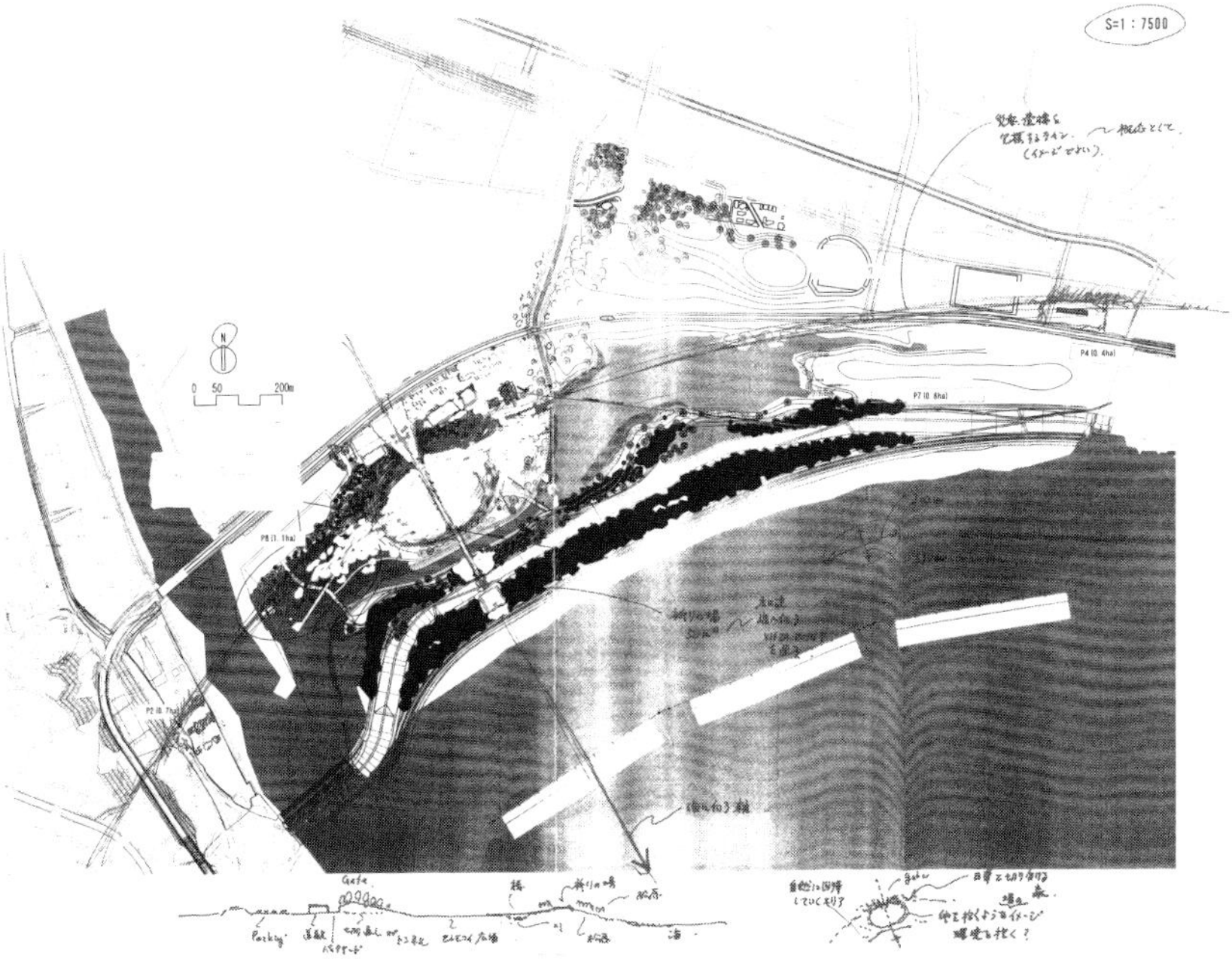

「高田松原津波復興祈念公園　国営 追悼・祈念施設」。委員会資料の配置図に最初に描いた包摂線と軸のスケッチ。「大きな包摂線」と「小さな包摂線」と「祈りの軸」。

計画初期のスケッチ。まだ建物が分棟になっているが、タピック45から道の駅に向かう「復興の軸」、柔らかなランドスケープ、切通しのようなアプローチ、防潮堤の上の「海を望む場」に向かう「祈りの軸」という骨格は出来上がっている。

市街地側の上空から。建物の中央から広田湾に向かって防潮堤にまで延びる「祈りの軸」。それと直交する「復興の軸」の上に、震災遺構として保存される旧道の駅の「タピック45」と建物が建つ。（写真　吉田誠）

「祈りの軸」の見通し。建物左には津波伝承館と24時間トイレ、右側に道の駅が入る。建物2階部分を白いPCaパネルで覆い、市街地側の面には18,434個の孔を開けた。パネル裏面にLED照明を配し、夜になると孔から灯りが漏れ光る。

（写真　吉田誠）

広田湾を一望できる「海を望む場」には、献花台を設えた。　（写真　吉田誠）

「復興の軸」と「祈りの軸」の交点には、空に向けて四角く屋根を開き、足元には水盤を設けた。（写真　吉田誠）

どこかにある場所とそこにいるわたし

建築は都市の断片となり得るか

語り忘れたこと

これから述べることは、およそ今風の論じ方ではない。
先日、若手で気鋭の建築論を展開する平野利樹さんとキレキレの哲学論者の仲山ひふみさんと座談の機会があった。現代思想の最前線に久々に触れることが出来て、刺激的でとても面白かった。もちろんすぐに答えが出るような簡単な話ではないが、近代的な思考の臨界点を想像したり、建築をその中でどのように定位するかを考えるにはよい機会だった。

三〇年ぶりに雑誌の『現代思想』を購入し、その活字の小ささに辟易しながら予習もした。たまにはやってみるものだ。脳味噌で普段は使っていないところを使う感覚を味わった。実体的な価値がどんどん情報化され、それが情報空間の中でグローバルに拡散される。思考は無限に微分化されると同時に無限に拡大される。われわれはその狭間にいる。この流れはコンピューターの進化といった工学的な事実とも連動するから、その認識は間違っていないだろう。

こんなことを考える一方で、なにか大きなものを置き忘れていたような気がしていた。それがここで述べたいことである。

語ろうと試みるのは、地方の街で延々と関わり続けている地味な街造りのこと、その街で設計することになった市役所の建物のこと、といった地を這うような目立たない話だ。先日の座談が華麗な空中戦だったとしたら、こちらはドロドロの地上戦だ。もっとも、わたし自身はこの街やこの建物について書く機会を得たことをとても誇りに思うし、ここに臨む気持ちがそのままわたし自身の生き方や街や建物に対する姿勢そのものであることを表明しておきたい。

こうした機会が与えられたら、本来なら建物の考え方や作り方を中心に、それがどのように造られたか、を書くべきだろう。建物はどのような意図でこのように造られ、苦労した所はどこで、というのが順当な手順だ。ところが、そうはいかないのである。建物は完結していないし、設計もそれ自体で完結していない。空間としても時間としても、一点に収束していくようには出来ていない。建物はその役割を遥かに越えて街に広がっているし、時間といえば関わった二〇年の流れの中でしか完成した意味を見いだし得ない。

すべてはそれ以外のことと結びついている。だから、その関係性の中から建物単体を取り出すことが出来ない。これを小さな物語と呼んでもよいのだが、いわば世間話の集合体の川の流れのようなもので、建物の完成という建築家にとっては一大事の出来事も、その中ではひとつの区切りではあっても小さな断片に過ぎない。

先日の座談で語り落としたのは、まさにこのことだった。この事柄こそがわたし自身の実在を語り得るフィールドであり、ここでなされたことすべては地球を覆いつつあるグローバルな資本主義を偽悪的に加速するなどという思考とは真逆の流れであり、ネット上を分裂症的に徘徊するイメージからは最も遠い、ということを語り落としたのだ。

ここには「新実在論」も「加速主義」も「Vapor wave」も出てこない。都会で流行の超高層が立ち並ぶ再開発ともまったく違う。オリンピックのような派手なところは微塵もない。ここで述べるような、それ以外の場所で起きたささやかな汗の中にこそ真実があると思いたい。そうでなければ目の前にある現実は救いようがないからだ。

どこにでもある場所とどこにもいないわたし

この二〇年、日向の街造りに関わっている。

二〇年前、ゴーストタウンに近かったこの街は、街造りを中心に立ち直ろうと決意した。たぶん、市の都市計画課長をしていた黒木正一さんが、「どげんかせんといかん」と断固とした決意で立ち上がったのだと思う。キッカケは鉄道の高架事業だが、それを引き金にして街造りに結びつけられたのは、その決意に勇気づけられ共鳴した県や市の役人や街の人たちの努力の成果だ。

同じ頃、わたしはまったく別の方角からどうしても目を離せない事柄があった。およそ二〇年前、わたしの仕事のほとんどは地方で、それも建物が建つ敷地は地方のなかでもさらに外縁部の街にあることが多かった。どの街も中心市街地は寂れ始めていた。一方でその郊外には通り沿いに自動車の販売店や全国チェーンのレストランが並び、どこまでも均質な風景が広がっていた。シャッター街と郊外店、今ではそれにコンビニやスーパーやショッピングモールといったカタカナ商業が加わる。

そんなとき、何気なく本屋の本棚で見つけた背表紙の『どこにでもある場所とどこにもいないわたし』という言葉に目が止まった。村上龍の短篇集のタイトルだった。作家の発する言葉には、時として誰もが感じている無意識を短い言葉で言い当てる力がある。短篇はまあまあの出来だったからこの言葉も人々の記憶に残ることもなかった。しかし、わたしにはエッセイの中身よりもこの表題が強く頭に残った。

大学で教壇に立っていた時も、入りたての学生たちには機会を捉えてこの言葉を投げかけていた。多くの学生は地方から東京に出てきたばかりだから、この言葉に反応する若者も多かった。つまり、「どこにでもある場所」から自分探しをしにやってきた若者たちだ。そんな時代を生きていて、さて、これからどうするか、と考えるキッカケをつくりたかった。でも、今ならもうひとつ付け加えるかもしれない。「どこにでもある仮想空間とどこにもいないわたし」と。

時代はあれからさらに進んだように見える。しかし、われわれの身体はさして変わったわけではない。「頭は身体の上に載っかっている」のである。「無限に自由になりたい頭は、不自由な身体の上に載っかっている」と言い換えてもよい。身体が戻るべき場所、それは情報空間がどんなに進化しても、いや、進化すればするほど求められるものではないか。それは街であり建物であり、そこに漂う空間のニオイやヨドミであるはずだ。

渋谷の特異点

日向に関わる一方で、渋谷の駅周辺の再開発全体にも関わっている。ひとつは典型的な地方都市、もうひとつは大都市東京の中心のひとつ。一見まったく事情が違うように見えるこのふたつのプロジェクトは、相互にリンクしていると思っている。日向の駅前広場とハチ公前広場とは、実は同じ問題を抱えつつ異なる答えを探している表と裏のようなものだ。それが時代の相というものだろう。

渋谷を彷徨うのは「どこにでもある場所」から出てきた無数の「どこにもいないわたし」だ。そして、彼らが拠り所とするのは、立派な超高層や流行の店ではなくて、なんと高々一m四方の台座の上に鎮座する犬のオブジェではないか。あのいかにも古典的なブロンズのオブジェ、あのオブジェがなければ、よく見れば渋谷だって「どこにでもある場所」であることをみんな忘れている。道玄坂商店街のボスの大西賢治さんは、よく「うちの広場には犬一匹」とブラックなジョークを飛ばす。

そもそもの犬としてのハチ公と主人、忠犬の美談として称揚される戦前の暗い時代、ただの金属として接収されたさらに暗い時代、それをシンボルとして再生させた戦後、待ち合わせ場所の分かりやすい目印となった時代。どの街も、どの都市もハチ公が欲しいはずだが、それが容易に出来ないのは、そこに無数の物語と記憶、そして幾重もの時間が張り付いているからだ。つまり、「どこにもない特異点」なのだ。

「どこにでもある場所」、まさに二〇年前の日向はこの言葉の通りの街だった。街は中途半端な碁盤目で、商店はほとんどシャッターを下ろして店を閉め、人っ子一人歩いていないような正視に耐えない寂れた街だった。「どこにでもある場所」だから、「わたし」はどこにも自分自身を見いだしようがない。拠り所がない。だから故郷を離れて都会に出る。そして、そんな若者がハチ公前広場には群がっている。

高校野球的街造り

「高校野球的街造り」、二〇年以上に渡る日向市との付き合いを思うとき、こんな感想が浮かんでくる。高校野球的街造り、ただしエース不在の全員野球だ。甲子園でも、あまり実力がない無名のチームが、勝ち上がるにつれて信じられないような力を発揮することがときたまある。日向はそんな街造りだ。

チームの雇われ監督は篠原修、助監督出口近士、助監督補佐吉武哲信。走塁コーチ佐々木政雄、補佐辻喜彦。このチームでのわたしの立ち位置は、転校してきた四番バッターといったところか。打たなければ存在価値はない。そのプレッシャーは常にある。南雲勝志と小野寺康といった強力な助っ人も代打で控えている。

主立ったメンバーだけで、県庁の藤村直樹、井上康志、森山福一、中村安男、市役所の黒木正一、松田洋玄、兒玉政幸、和田康之、治田伸二、大崎雅彦、岡本朋宏、ＪＲ九州の津高守、市民では海野洋光、南雲の仲間の若杉浩一と千代田健一、街造りガイドラインの作成に引っ張り込んだ建築家の武田光二は地元の出身だ。川村宣元、山田徹、蛭田和則、増崎陽介、地元で協力してくれた安藤栄治、御手洗克明、長い年月になると設計に関わる人間も入れ替わり立ち替わりだが、みんな同じ時間の流れを共有している仲間だ。

ここで個人名をあえて上げたのは、それぞれの立場や仕事を越えて付き合いがあるからだ。どの人が欠けても今の状態はない。縁があってつながり、みんな業務外で交流する。そこに街造りの醍醐味がある。集まれば今でもワイワイガヤガヤ大騒ぎになる。二次会はきまって「とんちゃん」という小さな居酒屋になり、カウンターの内と外が人で埋まり、しまいには路上に溢れ出す。

そんなチームで宴会をやりダジャレを連発しながら街造りをやってきた。このチームは長打が苦手だが、連打やバントで得点するのが得意だ。

交流は次第に熱のこもったものになっていった。建築士会の若手を中心に仲間の輪も広がっていった。その間、鉄道高架事業、駅前広場整備、イベントステージの建設、区画整理による街の造り替え、街造りガイドラインの作成などをやりながら、駅舎の開業まで八年、駅前広場の完成まで一〇年、イベントを催す「木もれ日ステージ」の完成までに一二年の歳月が流れた。これらの構造は、先月亡くなられた川口衞先生にお願いした。この間、大きな出来事として鳥インフルエンザや口蹄疫の被害にあったが、がんばろう、という多くの人が広場に参集した決起集会もこのステージと広場を使って行われた。

オヤッサン

鈴木忠亨君は、地元建築士会若手の街造りの中心になっている。高校野球的街造りとしては一番バッター、長打は苦手だがともかく出塁率が高い。いったん出塁すれば、必ず盗塁を試みる。一〇年前に完成した駅前の広場は、年に七〇回以上もイベントを開催している。週に一回以上の勘定になる。尋常ではない。そのほとんどに仕掛け人として鈴木君が関わっている。本業そっちのけで、ちょっとやり過ぎじゃないか、と心配になって声をかけるが、この勢いは止まらない。

若手といってももはや立派な中年なのだが、その鈴木君からは、顔を合わせるとこのところ「オヤッサン」と呼ばれている。そう呼ばれる歳になったか、という思いと、街との付き合いの近さを感じる。悪い気はしない。

彼は「たまり四人会」と私が勝手に名付けたグループのリーダーでもある。鈴木と平田竜教は日向市内、それに延岡の柴田志摩子と松田伯美、その四人との付き合いは、もう二〇年近くになる。街造りに引っぱりこんで、ワイワイやるなかで、彼らが提案したのが「たまり」だった。

かつての街はどれも建物本意で、人を引き込むような「たまり」がない。だから寂れたのだ。「緑小さくてもいいから「たまり」をたくさんつくっていこう、というのが彼らの提案だった。「緑たまり、水たまり、風たまり、陽たまり」、それらの先に「人たまり」がある。素晴らしい提案だと思った。これに市役所の街造り担当の和田さんが共鳴して、この考え方で街造りのパンフレットまでつくった。あとは街の人たちが、どこまでその意味と意義を理解できるかだ。

寅さん

街造り担当の和田さんは、山田洋次監督が最も信頼を寄せる人のひとりだ。わたしは個人的に山田監督とは面識があるが、優しいけれど厳しい人だ。滅多なことで人を信用しない。

三〇年前、もともと「寅さん」のロケ地になれば街造りにも役立つ、と思って和田さんは監督に熱い手紙を書いた。丁寧に断られたらしいが、その時の電話で「キミの街にはなにもないよね」と言われたことに衝撃を受けた。それ以来、青年団の仲間と山田会をつくってロケには必ず出かけていくという付き合いが始まった。その縁で、東京で新作映画を封切るひと月前には、必ず日向で上映をするという信じられない催しが二五年も続いている。もちろんこの上映には監督ご本人と、主演女優も舞台挨拶にやって来る。

なにもない街の「どげんかせんといかん」という情熱が監督の信頼を得たものと思う。日向は

「どこにでもある場所」だったが、街造りに取り組んで二〇年、ようやく少しずつ成果が見え始めている。

たまりだらけの建物

街造りの総仕上げとして耐震的にも問題のある老朽化した市役所を建て替えることになり、プロポーザルが催されたので、私の事務所も一参加者として応募することにした。

数年前、南海トラフの被害想定が出た。宮崎県全体で三万五千人、そのうち日向市で一万五千人。東日本大震災での被害が二万人ほどだから、これがいかに大きい数字か分かる。日向市は、木材の集散地として過去の景気のよいときに平野部の農地に宅地が広がってしまった。それでこれだけの被害想定が出たのだろう。南海トラフが動く前兆として日向灘のトラフが動くとされているから、この数字はリアルなものとして受け止めねばなるまい。

非常時に市役所がちゃんと機能するかどうかは死活問題だ。この街の海岸に防潮堤はないから、海からばかりでなく近くの塩見川を遡上して市街地に侵入し、少し高い場所にある市役所の近くまで浸水することになっている。その想定浸水高さよりも上に一階のフロアを設定し、RC造の上屋を免震とし、災害時にも市役所の機能を保持できるように提案した。構造は岡村仁さんに頼んだ。ここまでは定番メニューだ。

肝心なのは、常日頃市民に親しまれていなければ、非常時に活用されることは難しいということだ。なにより市民との距離の近さが非常時の力になる。そのためにも、街とともにあり、市民とともにある市庁舎にする必要がある。市民が活用する活性度の高い「たまり」がどうしても必要だ。

たまる市庁舎

そんなことを提案して設計させてもらうことになって本当によかった。負けたらどうしようかと思った。これで街造りを続けることが出来る。そしてなにより、街造りの総仕上げのようなものに関われることになる。それがうれしくもあり誇らしかった。

高校野球的街造りとしては、九回に打席が回ってきたようなものだ。ここでヒットを打たねば。幸運にも設計を担当させてもらえることになり、なんとか次の打者に繋げられることになった。防災は当然のこととして、提案の要点は当然「たまり」をつくることだった。市役所は、街に出来る建物の模範とならなければならないのだから。たまらない市庁舎ではたまらない。各階に深く庇を設け、そこに幾つもの「たまり」が生まれるように計画した。この考え方は、この建物に関するその後のさまざまな調整や市民ワークショップでの議論を通しても変わることがなかった。

旧庁舎を壊した跡は、市民に開放される庁舎前の公園のようなスペースと駐車場に整備されることになっていた。建物周辺のランドスケープは、駅前広場や街中の小公園を手掛けてきた小野寺さんと南雲さんが担当した。市民と街造りのことをよく分かっている二人に任せてよかったと思う。

この建物は南北に長い。したがって東西面が主要なファサードになる。言うまでもないことだが、午前中と午後の日差しを考慮せねばならない。この点で、テラスを大きく出すことはたいへん有利に働く。テラスに縦と横のルーバーを設ければ、事務スペースへの直射をほとんど避けることが出来る。夏はとても暑い日向で、熱効率的にも有利だ。縦と横のルーバーは、テラスの「たまり」にさまざまな濃淡を生み出す。ひとつとして同じ「たまり」はない。

試合の流れを変えてはいけない

なにより、街を励ますような建物をつくりたかった。駅舎と駅前広場と街造りのこの流れに参画した人の輪を途絶えさせてはいけない。

スギ材は、駅舎で使い、広場のステージでも使い、街造りでも推奨してきた耳川流域のものだ。この街は、後背地の山から耳川で運ばれてくる木材の集散地として賑わった歴史があるので、スギ材をどう使うかが常にテーマになってきた。単なる木材利用ではない。そこには象徴的な意味があるのだ。不思議なことに、この街ではスギを使うと市民との親和性が無条件でよくなる。記憶の奥底にスギ材があり、スギの匂いがあり、それが心の琴線に触れるのだと思う。そんなこともあって、影をつくり出す「たまり」は、縦と横のスギ材で構成した。また、内装の壁も可能な限りスギ材を使った。いわば、コンクリートの躯体以外は、ほとんどスギ材を使っている。

「たまり」の使い方については、三年ほど前から建築士会の吉川順治さんを中心とした市民のワークショップが立ち上がって検討を進めてきた。どのように使いこなすか、これからは彼らが打席に立つ番である。延長戦の決定打は彼らが打ってくれるものと信じている。

たまらないたまり

街にはさまざまな追い風が吹いている。市の港である細島港が重要港湾に指定され、このあたりの物流の拠点になった。また、高速道路が接続した。全国規模の大きな木材会社が工場をつくった。海岸では世界サーフボード大会が催された。この街の小さな駅舎はわが国の駅舎で初めて鉄道の国際的な最高賞であるブルネル賞を受賞した。また、ＪＲ九州日豊線管内で唯一乗降客数が増えている。街造りの成果は目に見えて上がりつつある。

夕刻、四階のテラスに出ると、近くの山々と古墳、家並みや遠くに海が見える。風が吹き渡る。陶然とするような空、差し込んでくる光、それらがテラスに複雑な影をつくり、時々刻々変わっていくのを楽しむことが出来る。テラス先端の縦の列柱は、スギ林に差し込む夕日の影のようだし、手前の横のルーバーは、木漏れ日のような影を落とす。この瞬間は、たまらない。新しい「たまり」の風景だ。

断片のみが本物の痕跡を……

もう八八歳になった映画監督のジャン・リュック・ゴダールが『イメージの本』という作品を制作した。切り刻まれた映画の映像と言葉が二時間近くも延々と連続する前衛作品。いまだにその過激なやんちゃぶりは健在だ。だいぶ前に制作した超長篇の『映画史』をまとめたものだが、そこに込められた強いメッセージはなかなか頭を離れない。

一見どこにも希望を見いだせないような流れだが、その中で「断片のみが本物の痕跡を……」とつぶやく。バラバラに切り刻まれた世界。だが、その断片の痕跡の中にこそ真実を垣間見ることが出来る。これがこの映画の核心を言い表している。映像として作り出されるイメージの全体性はどんな時も虚偽に満ちているが、切り取られた断片は時折その欺瞞をさらけ出して本質を開示する、というわけだ。

ハチ公はまさしく渋谷という街の断片だ。あれなしには渋谷という街全体が成り立たない。小さな断片に過ぎないハチ公という存在をほじくっていくと、あの街の光と影、汚れたもの、見たくないもの、欺瞞、虚構、そしてそれらを飲み込む渋谷という街のたくましい胃袋、そんなものが見えてくる。あの小さな断片が語る何かをわれわれは無視することも出来ず、また凝視することも出来ず、それでいて引きつけられ続けている。

建築は都市の断片たり得るか

少し視点をずらせば、建築は都市の断片たり得るのか、と設問を立てることも出来る。ただし、そう言うためには、建築そのものが都市と深い関係を結んだ断片となることが必要だ。都市の断片となることは、都市と同調することでもなく、まったく関係のない異物となることでもない。それが存外難しい。

果たして、そのような建築は可能であろうか。この建物は日向という街の断片となり得るだろうか。この街に暮らす人たちはこれを楽しんでくれるだろうか。この場所を自分たちのものとして使ってくれるだろうか。いくつもの不安とともに市役所は完成した。

これは小さな区切りに過ぎない。おそらく高校野球的街造りは続く。仲間たちとの付き合いもこの街との付き合いも続いていくはずだ。その雑踏のざわめきのような小さな記憶が重なり合い、拭いても取れないような無数の汚れが染みつき、この街の語るに足る断片となることは可能だろうか。そうなってほしい。

建築こそは積極的に都市の断片となり得るだけの強度と個性を持つ使命を負っているはずだ。断片の在り方は、場所によって違う。大きさも違う。それは何気ない小さな「たまり」かもしれないし、駅やステージや市役所かもしれない。その断片から、全てではないけれどその街の根にあるものが時たま開示される。記憶をたどる糸口になっていく。そのようなものであるべきだろう。渋谷には渋谷なりの、日向には日向なりの街の断片を生み出す努力をすべきだ。

「たまり」は無数の「断片」となり得るだろうか。それはこれから仲間たちの課題になっていくだろう。それでも、「断片のみが本物の痕跡を……」、「どこにでもある場所」から「どこにもいないわたし」を救い出すには、やはりこのやり方しか思いつかない。

「どこか」へ

「どこにでもある場所とどこにもいないわたし」の反対側にある言葉はなんだろう。たぶんそれは「どこかにある場所とそこにいるわたし」だろう。この「どこか」という言葉はいい。そこには少しの不安と少しの憧れが混ざっている。旅するときに訪れるのは「どこにでもある場所」ではなくて「どこかの場所」のはずだ。「どこか」には、未知、出会い、期待が含まれている。世界の流れに逆らって、われわれはしぶとく未来を生き延びるその「どこか」を生み出さねばならない。

「東京メトロ銀座線渋谷駅」。手前の明治通りと、整備中のJR渋谷駅の東口駅前広場上空に架かる高架駅。背後には何本もの超高層が見えるが、この後東急百貨店が解体、ハチ公広場が拡張されて、駅周辺はさらに変貌する予定。　（写真　吉田誠）

渋谷ヒカリエとJR駅側を繋ぐ「渋谷駅街区東口2階デッキ」。この奥に平行するように「東京メトロ銀座線渋谷駅」がつくられた。

市街地上空から。手前に「日向市庁舎」、左奥に鉄道高架の「日向市駅」が見える。駅舎と駅前広場の整備によって戻ってきた新しい建物には、「たまり」のルールで整備されるものが増えて来た。　　（写真　楠瀬友将）

2階市民テラスの「たまり」。奥行きは最大9.3m。横ルーバーは執務室への直射をカットし、縦ルーバーはテラスに日陰をつくる。中央の「一坪台」は市民ワークショップで発案された。南雲勝志氏のデザインしたファニチャーも点在する。

悠久なものの影

和菓子というのは暮らしの中の小さなオブジェのようなものだが、その一点を突き詰めれば、人の存在の本質に迫るおそるべき道具となる。岡倉天心が茶椀の中の琥珀色の液体に、孔子の心よき沈黙、老子の奇警、釈迦牟尼の天上の香り、を見たとき、その随伴者として和菓子は存在していたはずだ。

数学者の岡潔がエッセイ集の『春宵十話』の中で芥川龍之介の「悠久なものの影」という言葉を引いている。興味深い言葉だったので調べてみると、どうやら晩年の滝沢馬琴を描いた『戯曲三昧』という短篇の中にこの言葉が出てくる。老境に至った馬琴が風呂屋で湯につかりながら言いたい放題の無責任な噂話を聞く。世俗のど真ん中の浮き世床である。身体を洗おうとして、ふと桶に満たした湯の中に、窓の外に見える瓦屋根に差し掛かる柿の木に赤く実った柿が映り込む。その水面の中に、一瞬、「悠久なものの姿」を見る、というものだ。芥川は「彼の心に影を落とした悠久なものの姿」と書いているので、「悠久なものの影」とは岡潔の創作と思われる。

それにしても示唆に富んだ良い言葉だ。建築という営為は、本来、世俗の中にあって、ときたま顔を出す「悠久なもの」の「影」をその身体に留めることだったのではないか。

大都市東京は再開発が加熱している。次から次へと超高層が建ち上がり、三〇年前のバブル経済を彷彿とさせる。この浮かれようは鼻持ちならないが、これ自体が壮大な叙事詩の一幕と見えないこともない。こんな時代に生きているということを腹に収めて注意深く見れば、この一幕の中にも「悠久なもの」は時折顔を出す。そしてその「影」は目の前をよぎる。それを捉え、空間に胚胎させ、その手触りをこの建物に映し込みたい。

とらやの仕事をさせていただいて一三年になる。諸々とらやのアドバイスをしていたグラフィックデザイナーの葛西薫さんの紹介で関わることになった。和菓子づくりの原点を見直す場をつくりたいということから始まった御殿場の工房、京都の一条にある明治以前から宮中御用としてあった御用場の菓寮への改築など、枢要な建物を設計させていただいてきた。どれも黒川光博社長の発想が基にあって、それを空間としてまとめるのがわたしの役割だった。今から思えば、それはわたしにとっては、とらやの歴史の中で培われた奥深さを知るプロセスであり、その道程の上にこの赤坂の建物があったと言えなくもない。

とらやの歴史は室町後期まで遡り、今の当主の黒川光博社長は一七代になる。宮中御用はもとより茶の世界との繋がりも深い。明治維新により宮中が東京に遷り、それに伴って本拠地を京都から東京へと移した。赤坂に店を構えたが、東京オリンピックのための青山通りの拡幅によって敷地を近傍に移転し、今回建て替える前の建物を建てた。横ストライプが無数に入った行灯のような九階建ての趣のあるビルだった。

当初、鹿島建設の設計施工で、わたしは監修者の立場だった。監修といっても、基本構想から実施設計までかなり関わったから、鹿島の設計部の仙波武士さんのチームとの共同設計のようなかたちになった。アイデアをいろいろ出し、容積をいっぱいに使った一〇階建ての建物の構想が固まった。赤坂、それも青山通り沿いの一等地だから、経済行為からしたら至極当然のことだ。これで設計は建設に向けて粛々と進んでいくはずだった。

建て替えを表明する黒川社長の文が公表され、思わぬ反響があった。赤坂の店舗で経験した懐かしい思い出を語る便りが寄せられた。これを契機に、あるべき内容を吟味し、あるべき姿で建てるのがよいのではないか、ということになった。原点に帰る、ということである。無駄を削ぎ落し、必要なものを選び取り、大切にしなければいけないものを再吟味する。本社機能を外に出し、店舗を中心としたコンパクトな建物になった。

この段階で、ある意味、経済中心に動いている世情に対して、密やかなアンチテーゼを投げかけたことになる。われわれは何を求め、何を拠り所として生きているのか、黒川社長の脳裏によぎったであろうそんな問いかけを想像した。芥川が描いた馬琴の姿が重なった。

ここからは、設計施工ではなくてわたしの事務所が設計を担当させていただくことになった。大きな決断の後、その思いを受け止めて形にする責任は重い。「悠久なもの」への道は開かれた。果たして「影」を捉えられるだろうか。

「悠久なもの」はどこにでも偏在している。しかし、その「影」を捉えるには、空間の助けが必要だ。この建物に与えるべき質感は、どのようなものであるべきだろう。世俗の喧噪のど真ん中で、ふとすべての音が消え、絶対的な静寂が訪れる。そんな空間のあり方が浮かんだ。喧噪を受け入れる開放性を持ちながら、それを無音の位相に導く空間の深さと奥行き。

この建物の敷地形状は扇型で、なおかつ後ろ側に尻尾のような土地が伸びている。店舗を中心とした平面計画としては、この扇型を制しなければならない。まず、後ろにバックアップスペースを寄せ、可能な限り街に開くように店舗を二階に、菓寮を三階に配置した。開放的な空間を得るために、全体を鉄骨造とし、大きく街に差し掛ける扇型の屋根は、四階の手摺上部で主応力を受ける繊細なリブ状の構造とした。扇型の店舗を覆うように、大きな庇を差し掛け、その下に店舗が展開できるように考えた。大庇は、奥行きを作り、空間に陰影を与え、それを木の空間で受け止める。開かれていながら、引き込まれるような影の空間をつくりたかった。

大工、木工、木建具など、この建物の細部を仕上げた職人技は、どれも質が高く完成度が高かった。それが空間に緊張感をもたらしてくれている。二階にある店舗の正面奥、その中央に旧店舗の正面に飾られていたシンボルを据え付ける。その大きな壁を久住章さんに依頼した。この壁だけは、どうしても黒漆喰の鏝押さえにしたかった。深さと奥行きと威厳が欲しかったからだ。この仕上げは左官技の極地、伝統的で極めて単純な仕上げだが、単純なものほど難易度が高いことは分かっていた。これをやれるのは久住さんしかいない。

二〇人余りの熟練の職人が、短時間で一気に仕上げる。黒の仕上げの厚みは〇・五㎜ほど。それが均等に塗られる必要がある。塗っているときには分かりにくいわずかに不均質な部分は、乾くに従って表に出てくる。なかなかうまくいかない。われわれにはこれで十分としか見えない仕上げを、五回もはがした。難しい注文をしすぎたかもしれないという後悔の念と、最後までこだわり抜く姿勢に頭が下がった。久々に職人の粋、気魄、気迫、執念を見た。自分はここまでこだわってきたか、と自らを恥じもした。その結果がどのようなものかは、実物は実際に見てもらうしかない。写真では分からない。この黒壁に通じるものが、とらやの菓子の中にもある。仕事をさせていただいている関係もあって、季節の生菓子を届けていただく。どれも折々の季節に触れて味わい深いものだが、その中に忘れられない出会いがあった。

「更衣」という生菓子である。春先の衣替えの季節ということのようだが、わたしは源氏物語の光源氏の母として冒頭に登場する桐壺の更衣から採られた命名ではないかと勝手に想像している。桐壺は身分はそれほど高くはないが、控えめで独特の魅力がある女御として描かれている。物語の中ではどちらかといえばいじめられ役だが、それに耐える姿も美しい。備わった謙譲の美徳が、その美しさの芯にあるような女性だ。

「更衣」は何の変哲もない小判形で、表面に薄く白い衣がかかったような和菓子だ。割ると中は黒に近い小豆色が現れる。まるで派手さはない。まったく控えめな姿をしている。しかし、それを口にしたときの独特の感触と味の深さには凄みがある。やや粘りがあり、それが重厚さを感じさせるとともに、わずかにピリッとした味がある。これを茶席の薄暗い空間で、抹茶と共に食したらどんな気分になるだろう、と想像が膨らむ。この和菓子に込められたメッセージは、黒漆喰の壁と通じるものがある。それは単純なものの中にのみ現れる奥深さだ。ここには「影」の兆しがある。

竣工前のある日、三階の菓寮の席に腰を下ろす。たくさんの車が行き交う青山通りの向こうに赤坂御用地の緑がまぶしい。一瞬だが、目を閉じると脳裏に「更衣」の感触が蘇った。その時、「悠久なものの影」を見たような気がした。

七万年の眠り

造園の第一人者である進士五十八先生から、相談に乗ってほしいことがある、と連絡があった。どうやら「ねんこう」の博物館を福井県が計画中なのだそうだが、進士さんの思いがなかなか伝わらない、という。県の担当者が説明に来て「ねんこう」なるものが何か、ようやく分かった。それがこのプロジェクトにかかわるきっかけになった。

直截な建物である。水月湖に向かうこと、それがそのまま建物の姿形になっている。海の博物館の展示棟がすぐ前の内湾の中央に向かって軸線を構えているのと似ている。このシンプルさは、ある意味で三〇年前に原点回帰したようなところがある。

自分で書くのもいささか気恥ずかしいところもあるが、この建物のピロティのコンクリートは異様に美しい。ここしばらく見たことのない完成度の高い仕上がりである。これは型枠の隅々まで気を使い、打設時には竹を差し込んで揺するなど、手間ひま掛けて作業した成果だ。小幅のスギ板型枠だが、板の色変わりもない。継ぎ目の分離による色変わりも、気泡もクラックもほとんどない。これはこの現場の所長である今川隆浩さんの尽力と現場の職人の熱意によるものだ。コンクリートの打設はチームワークと士気だ、と言っていたのが印象に残る。地元建設会社の意地を見たような気がした。

今川所長の家は、現場から三〇〇ｍほどのところにある。生まれも育ちもこの町だ。みっともない仕事はできない、という矜持がある。職人たちも地元の顔見知りだ。もちろん規模にもよるが、本来、建設業とはこのような地続きのコミュニティで行われるべきものではないかと思った。ここには、恥の精神が生きているのである。恥ずかしい仕事はできない、という思いは、現代では貴重なものになりつつある。

「年縞（ねんこう）」という言葉は、研究の発端を作った安田喜憲先生の造語だ。福井県若狭町にある水月湖の湖底のボーリングをしたら、年輪のように積み重なった七万年に渡る堆積物が出てきた。過去の年代測定には、炭素同位体による測定と、それを裏付ける具体的なメジャーが必要だ。木の年輪だと数千年が限度。鍾乳石や珊瑚など、幾つかの指標が候補に上がっていたらしいが、立命館大学の研究者である中川毅教授の奔走もあって、採取された七万年のうちの五万年が世界の年代測定の世界標準、つまり年代測定の物差しになった。これはすごいことだ。

年縞のどこかの層を抜き取って調べると、その時代の大気の状態、気温、植生、火山灰、そうしたはっきりとした過去のデータが得られるという。ホモサピエンスがアフリカを出たのが五万年前と言われるから、この堆積物はそれより二万年も前からつもり続けていた遺構ということになる。この博物館は、その採取された年縞の実物を展示する建物だ。

敷地は、採取された水月湖の手前に隣接した三方湖の湖畔、町立の縄文ロマンパークの一画にある。すぐ隣には、横内敏人さんの設計によるアースシェイドの若狭三方縄文博物館がある。湖と川のすぐ近くなので冠水の心配もある。貴重な実物展示資料があるので、展示室は二階に設けることにした。年縞の実物の長さは四五mになる。縦に展示するわけにはいかないから、横に長い建物になる。採取された水月湖に向かって一直線にこれを展示することを考えた。あとは内容を解説する説明の展示スペースとなる。与えられた面積を配分すると、ほとんどのものが二階のワンフロアで処理できることが分かった。一階はピロティで空中に浮かんだような建物になる。ピロティは地面の延長としてコンクリートでつくりたかった。中央部はスパンを広げたかったのでポストテンションを入れた。

細長い矩形の平面に、年縞の実物を展示する長大な壁が一方にズレて配されるというきわめて特殊な構成になった。この特殊性を屋根の構造に反映させたかった。福井は何年かに一度、豪雪に見舞われる。想定積雪は二m、これを屋根の上に載せる前提で構造計算をしなければならない。構造家の金箱温春さんにお願いしたのだが、全部木造で解くとトラス部分がとんでもなくゴックなる。そこでこの際、適材適所、トラスは鉄骨にして見通しのよい内部空間を得ることができた。低層部はRCとRCのポストテンション、鉄骨のトラス、屋根部は木造、という構造形式がすべて出そろったハイブリッドの建物になった。

メインの展示建物の両脇にふたつの建物がある。ひとつは立命館大の研究分室、もうひとつは近くにあった県立の里山里海湖研究所だ。これらの建物も別の地元の工務店の手による。木造平屋建てとし、周囲に雪囲いを設けた作業場を配した。ダイナミックな展示棟に対して、こちらは簡素でローカルな新しい形式を生み出せたのではないかと思っている。

精度と文化

最近のわたしの事務所の仕事は、ディテールを追い込み過ぎているのかもしれない、とときたま思うことがある。精度が出過ぎるきらいがある。設計図上で空間に思いを馳せ、それを丹念にディテールで追い込んでいく。それだけ手間もかかるが、空間は繊細になっていく。このやり方を突き詰めれば、鋭敏で切れのよい空間が生み出せる。その確信はある。また、意図する建築の精神を研ぎ澄ますには、設計者としてはこれしか方法がない。

一方で、空間のおおらかさは遠ざかる。師匠である吉阪隆正の手による八王子セミナーハウスのような、あるいは、コルビュジエのチャンディガールのような、荒々しく原始的な生命力をこのやり方の延長では建築に与えることはできない。時間の流れには、繊細なものは抗う力が弱いような気もする。荒々しく、物そのものの存在感が、建築表現となっている在り方はないものか。

正確には言い表せないが、ノンディテールともいえる建物のことだ。コンクリートなら半分風化したざらっとした砂岩のような表面、それこそがコンクリートでしかできないような在り方。木ならばノミの跡が残っているような表現。鉄なら、塗装などせずに錆びるに任せるような表現。投げ出したような、ありのままの建築の在り方。いわば縄文のような在り方だ。

わたしたちは、少なからず弥生文化の末裔として生きている。暮らしをすみずみまで磨き上げ、使う物の精度を上げ、その精度の高さを文化だと思い込んでいる。民芸も工業製品もデザインも、ともかく完成度を上げる。わたしの設計の仕方もその流れの中にあることは確かだが、一方で、できることなら、いつかそれを壊したいと心の中では願っている。

物そのものの存在感を頼りに、建築という価値を構築できたとしたら、それはどんなものだろう。その空間は、あらゆる情報化に背を向けているだろう。けっしてデジタルでは補足できない空間ができるとしたら、それはこの時代を生きる人の心に何かを訴えかけるはずだ。バーチャルで埋め尽くされた脳みそと、乾ききった心にも響くはずだ。

今回発表される二つの建物は、機能も違い、規模も違い、置かれた状況も違い、果たすべき目的も違う。もちろん建物の姿形やスタイルも違う。一見、何から何まで異なる建物だが、不思議なことに、出来上がってみて、空間から受ける精度の感覚は同じなのである。

設計した当人が言うのも妙なことだが、設計しているときはまったくそんなことは思いもしなかった。だとすれば、これは今のわたしの事務所の仕事の仕方のなかに潜む、無意識の現れなのかもしれない。

思い返してみれば、富山県美術館も同じ空気を持っている。人は自らの無意識を、自ら打ち破ることはできない。ここが、わたし自身とわたしの事務所が出来ることの果てなのかもしれない。一方で、無意識の果てでそれを打ち破るのが本当の意味での創造なのだとしたら、それには挑み続けるべきだろうとも思う。そのためにも、つまり無意識の境界を露にするためにも、かなりやり尽した感のあるこれらの建物に潜むものを、見つめ直す必要があるはずだ。だとすれば、ここではこの二つの建物の空間の精度を、いかにして上げていったかを説明すべきだろう。

とらや赤坂店の精度

老舗とらやとは、いくつかの設計を通じて長いお付き合いをさせていただいている。当主の黒川光博社長は一七代目、発祥は五〇〇年前の室町時代とされる。宮中の御用を承り、明治維新で宮中が東京に移ってからは東京を本拠とした。設計をさせていただく度に、この老舗の奥の深さを知り、その背後にある精神を学ばさせていただいている。この感じは今も継続中である。いわばその道程のなかで、この赤坂の店が出来たと言ってもよい。

半世紀近く時代を重ねてきた旧建物の建替えのプロジェクトである。当初は容積をいっぱいに使った一〇階建ての計画だったが、黒川社長の決断で、必要なものを無理なく必要なだけつくる、ということになり、地下一階地上四階の建物になった。不思議な形をした敷地で、この中に機能を納めるには、自由度の高い鉄骨造が適していると考えた。店舗を通り側に配し、可能な限り通りに対してオープンにした。

この建物で空間の精度と密度を上げているのは、なんといっても木の造作だろう。天井、壁、カーテンウォール、階段、手摺、屏風状の建具、あらゆる部位を原寸で検討を重ねた。細かな所では、木の縁のアールは羊羹のアールを用いて柔らかな印象を作り出した。この国は、木を扱うことに関しては異様なほど精度が高い。逆に言えば、それが木に対する無意識であり、よく言えば培われてきた文化なのだと思う。

空間の要所を占める黒壁は、左官の名手である久住章さんに依頼した。店舗のある二階正面の一番大切な壁は黒磨きの左官壁をお願いした。最後の仕上げは二〇人近くの熟練職人が一気に仕上げる。竣工間際まで、やっては壊すことを五回も繰り返した。本当は、時間さえ許せばもう一度壊してやり直したいのだという。単純な物が一番難易度が高いことを知った。

あらゆることを考え尽くす、やれるところまでやろう、というのが設計から現場に至るまで一貫したことだ。台などの造作小物から、果ては壁に掛ける額縁の選定まで、担当スタッフもわたしも開店直前まで頭を休めることはできなかった。

伝統とは革新の連続である、と黒川社長はよく言われる。仕上がったかに見える壁を、惜しげもなく壊す久住さんの飽くことなき物造りの姿勢の中に、同じものを見たような気がした。完璧な物を目指す、その一方でそれを壊す勇気も必要なのだ。ここに黒川社長と久住さんの思考がシンクロしている。また、壊す勇気のないわたし自身の姿を再確認することにもなった。

福井県年縞博物館の精度

福井県の敦賀から車で三〇分のところに三方五湖というとても美しい景勝地がある。今の日本からは忘れ去られたような場所だ。この五湖の水月湖の湖底から、七万年に及ぶほぼ正確な堆積地層が採取された。一年が〇・七㎜程度で、長さは四五mになる。これは奇跡的なことだそうだが、このうち五万年が年代測定の世界基準に認定された。わたしたちの祖先であるホモサピエンスが、アフリカ大陸の一画から移動を始めたのがおおよそ五万年前だ。それ以前からの堆積物が採取され、「年縞《ねんこう》」と命名された。これは大変なことになった、ということで、年縞の実物展示をする博物館の計画が持ち上がり、縁があって設計をさせていただくことになった。

敷地が湖畔なので一階は冠水の危険性もある。したがって、展示室は二階になる。年縞の実物を採取地の水月湖に向けて直線的に配置し、あとは与えられた面積で資料説明の展示をすることにした。一階はエントランス機能だけ、あとはピロティにした。単純な構成の建物である。建物としては、コンクリートの基壇の上に木造をきわめてシンプルに掛けることにした。豪雪地であるため、実際には落雪するが手続き上は屋根の上に堆積する前提で構造計算をしなければならない。木造屋根の力をコンクリートの基壇に伝えなければならないのだが、それを木でやるととんでもなくゴツイものになってしまうので、その役割を鉄骨トラスで処理することにした。木の集成材、鉄骨トラス、RCの基壇、ガラスのカーテンウォール、それら異なる部材をどのように使い、どのような精度で組み上げるのかに神経を使った。

設計は、スタディも含めてほとんどが論理的な作業の積み上げだった。地元建設会社の現場がよく注文に応えてくれた。特にこの建物のRCは、スギ板型枠の品質と精度、さらには打設が素晴らしく、角部の分離、クラックや表面の気泡がほとんどない。そのためか、ピロティの空間は、コンクリートの温かさがありながら、精度がもたらす緊張感がある。さして大きくないが、日本一美しいコンクリートのピロティができたのではないかと自負している。見ようによっては、このコンクリートは八王子セミナーハウスからはもっとも遠い所にある。

精度の先にあるもの

二つの建物の精度について語ってきたが、建築家である以上、与えられた条件下でベストの答えを出すのが仕事であり、それが責務であると考えている。その際、それまで積み重ねてきた経験や習得してきた技術のありったけを、注ぎ込むことも責務である。このことを仕事の度に繰り返していくと、初めは意識的だったものが次第に個性のなかに取り込まれ、あげくは無意識化されていく。

あらゆる手を尽くして物の精度を上げる。これが現在のわたしと事務所の中にある弥生的な無意識なのだとしたら、これを壊す術は建築というテリトリーの外にあるような気がしている。それは建築を真正面から思考する中からは、見いだせないはずだ。文学、音楽、芸術、すなわちネルーダやピアソラやゴヤの中にある破壊力、創造とは破壊と再生の作業なのだから、それらの中に筆者自身の建築的無意識を壊していく術が見いだせるのではないかと秘かに思っている。

言葉から空間へ

建築はいろいろな契機を孕んで、ポンと実現することがある。何もない敷地に立った時、ハッキリとその場所の空気を捉えることが出来たなら、建築をつくることはそれを実体化するための作業に過ぎなくなる。はたしてそれを建築と呼んでよいのかどうか分からないが、一方でこれこそが建築なのだ、と考えることも出来る。

コンペではそんな風景の叙情のようなものを幾何学的な構図の中に取り込む方法を提案して、設計させていただくことになった。シンメトリカルな環水公園の軸線、公園を包摂するような放物線、それに抱かれるような美術館本体の楕円、この完結的な構成を断ち切るように立山に向かう切断面を設ける。これが提案のほぼすべてである。

もし建築に目に見えない風景を写し取る詩のようなものが可能なら、そんなことを考え始めたのは島根の小都市、益田の「島根県芸術文化センター」に取り組んでいた頃のことだ。一五年前のことになる。あの建物の空間を成立させることができたのは、田畑修一郎という作家の『出雲・石見』の中にある益田の表現に接したからだ。それは「形に於いて石見を見ることはできない……」と述べ、その特徴は「形のない気であり……、微妙な、音のない風の中で揺れている葦のようなもの……」であり、これを「詩に近いものと考える」という。ここにはなんとも言えぬこの場所の本質を言い当てた詩情が溢れていた。

芥川龍之介は、文芸の中に無上のものとしてある「詩的精神」について再三語っている。それさえあれば、「物語」や「筋」はなくてもよい、とすら言っている。これを建築に引き寄せて言えば、「かたち」や「機能」、ということになるだろう。その場所に流れる詩的精神を捉えることが出来れば、否、そのわずかな兆しさえ捉えることが出来れば、かたちや機能とは関係なく建築的なものは易々と成立する。

遙かに見える立山連峰の絶景、これは本当に素晴らしい。広がる市街地の眺望、手前にある環水公園、裏側に広がる神通川の景観。これだけの条件が与えられている敷地も少ない。これらの景観的な特性を取り入れることがすべてだった。はじめて敷地に立った時、そこに流れていたのは、この美術館の重要なコレクションのひとつである富山出身の巨人である瀧口修造の詩、「闇のように青空は刻々に近づく」(地上の星)という言葉の中に響く、やや硬質で透明な狂気とも響き合っていた。

辿り着く目的地は明快だったので、誰もやったことのない新しいアプローチを試みた。担当した二名のスタッフの能力と言葉に対する理解力が高いと判断したので、言葉でイメージをつくり上げることを試みた。互いに内なる詩的精神を高め、それを共有しさえすれば、あとは実現化に向けて走ればいい。イメージさえ共有されていれば、いたずらにスケッチを重ねることもない。もっとも、描いてしまった方が早いことも多々あるのだが、そこは我慢した。まだ設計をまとめる段階で、完成した建物を訪ねたとして、どのようなシークエンスを体験していくのか、その日の体験を想像してスタッフに散文で書いてもらい、そのイメージを共有した。それをもとに、こんな感じ、というようなことを語り、それをスケッチや模型を介して、また議論していった。

無数の言葉が飛び交った。敷地や富山の風土や光や風のことはもちろん、二〇世紀近代、その結果生まれた二〇世紀美術とモダンデザイン、収蔵品である瀧口修造やジャスパー・ジョーンズやマルセル・デュシャンについて語り、アートとデザインの相克と融合についての考えを述べたりした。これらの言語空間から、この建築の空間はどのようであるべきかを図面にしていった。

かたちを描けば、それはわたしからスタッフへの上位下達になってしまう。完全には無理だが、多少なりとも言葉によってイメージを共有することができれば、つまり、実現されるべき詩的精神を共有することができれば、その結果現れるかたちはそれなりの共有物になる。そうなれば、あとはすべて技術とコストの問題に還元できる。その方がクリエイティブだし効率も良い。

建物のおおまかな構成は、展示室など大きな部屋を積み上げるかたちになるので、空間を自由につくれる鉄骨造とした。これに対して構造家の岡村仁さんが、ジャイアントトラスという考え方を提案してくれた。一階が主としてエントランスホールと駐車場、二階が二〇世紀美術、三階がデザイン、屋上が子供、という組み立てになっている。

人の心の内面に向き合う二〇世紀美術、他者とのコミュニケーションを求めるデザイン、未来へと向かう子供の空間。石井隆一知事を先頭に雪山行二館長と県当局が構想したプログラムだ。これまでにない新しい試みの美術館になる。われわれの仕事は、このプログラムを、この地の素材を駆使して、この場所固有の景観と結び合わせることだった。県の建物なので、富山の主要産業のひとつであるアルミを多用し、氷見産のスギ材を通路などに多用した。デザインを柱のひとつに採り上げるのだから、建築にまつわるデザインもそれなりの人に依頼して整えねばならない。ロゴマークとサイン計画をグラフィックの大御所である永井一正さん、屋上遊具と開館ポスターのデザインを佐藤卓さん、ホールの椅子を川上元美さん、そして贅沢なことに館員のユニフォームを三宅一生さんに依頼することができた。永井さんのロゴは、館名のTAD（Toyama Prefectural Museum of Art and Design）を立山と富山湾に見立てて抽象化したものだ。佐藤卓さんはＮＨＫの番組「デザインあ」のアイデアを屋上に展開した。川上さんはすでにプロダクトデザインの古典になっている自身デザインの椅子に、空間に合わせて新しい色のバージョンを特注してくださった。三宅さんは、富山の自然と四季の風をイメージしてユニフォームを考えてくださった。ともかく豪華な顔ぶれであったが、公共の美術館としてははじめて正式名にDesignが加えられた意義に共鳴して取り組んでくださった。多くの場合、二〇世紀美術は大きな白い壁を背にした画廊のような空間に置かれる。場所の個別性を嫌う傾向がある。悲しいかな、それは資本主義のもとでの商品になってしまっているからだ。それを理解した上で、閉鎖的な展示室の空間をホワイトキューブ化した。ここに戦場はない。それよりは、展示室の外に注力した。そこで、この場所との繋がりをありとあらゆる手段を使って切り結ぶことができるように考えた。

それに対してデザインは、初めから商品である。内面の吐露ではなく、資本主義という回路を使って、あるいはそれを逆手にとって、人と人とがどのように繋がりあえるかが主眼だから、箱に閉じ込める必要がない。だから、デザインのフロアは可能な限り箱状の展示室を逸脱して外へと開いていくように考えた。

この美術館は富山に新しい視点場をつくった。おそらく、建築が果たした役割としてはそれがいちばん大きい。

正式オープン前の半年、展示物がないまま建物が開放されているが、すでに六〇万人近くの人が訪れている。この建物に求めた詩的精神は、次第に富山の地で広がりを持ちつつある。

「とらや 赤坂店」3階の菓寮(喫茶スペース)。持ち出しになっている屋根の荷重は、スチールの垂木を介して4階部分で支持することで、開放的な大空間を実現している。窓の外には青山通りと赤坂御用地の緑が広がる。

青山通りに面した外観。ガラスのカーテンウォールに沿って、1階から3階に繋がる階段を配し、3階の菓寮にはテラスを設けた。人の動きと気配が、通りからも分かるようにしている。

2階売り場。正面の黒漆喰壁磨き仕上げの壁に、旧店舗「鐶虎(かんとら)」を掲げた。天井と壁面は、吉野産の無節のヒノキの小幅板張り。

「福井県年縞博物館」。展示棟の1階ピロティ。スギ板型枠によるコンクリート打放し。スパンを飛ばすため、床板の長辺方向には、ポストテンションをかけている。

はす川側からの全景。建物の軸を水月湖の方向に向け、川と平行するように建物を配置。展示棟の先端部はマウンドにランディングさせている。平屋の研究棟はシンプルな在来木造にし、木製建具をはめた下屋で外周を囲んでいる。

2階展示室（水月湖年縞7万年ギャラリー）。45mの年縞の実物をステンドグラスにして展示している。

「富山県美術館」。北西上空からの俯瞰。富岩運河環水公園と市街地の向こうに立山連峰が連なる。屋上には「ふわふわドーム」や「オノマトペ」の遊具のある屋上庭園。（写真　吉田誠）

環水公園の水辺越しのファサード。公園に向けて全面ガラス張りのホワイエ。1階はエントランス、2階に20世紀美術、3階にデザイン、屋上に子どもという明解な構成。（写真　吉田誠）

立山連峰を一望出来る2~3階吹き抜けのホワイエ。地場産業のアルミを外壁や、ホワイエの天井や壁の一部、階段の手摺等に多用している。手摺の桟にはアルミの鋳物をデザインした。（写真　吉田誠）

展示室の中央廊下。天井と壁を、富山県氷見里山スギのルーバーで覆った。壁の内部に吸音材を入れて、音が響かない空間にしている。

「新しい凡庸さ」に向けて　体験的建築論

わたしは空間をつくりたい。空間に淀む空気の質をつくりたい。そこで生まれる体験をつくりたい。そのためには建物の姿形を犠牲にしてもよいと思っている。たとえ形態が凡庸であっても、そこに空間の密度が結実していれば、それは「新しい凡庸さ」を提示しているはずだ。本当の新しさは形態の目新しさに宿るのではなく、そうした「目に見えない空間の質に宿る」のだと信じている。

草薙体育館と安曇野市庁舎

静岡県草薙総合運動場体育館とほぼ同時に安曇野市庁舎という建物が出来た。どちらも力を入れて取り組んだ建物である。大学を退官して建築に専念する、3・11の復興に加わる、新国立競技場の審査に加わる、という大きく矛盾する三つの状況を抱えながらこれらの建物に取り組んできた。同じ時期にまったく異なる種類の建物が出来た。姿形もアプローチの仕方も違う。それでもわたしとしては何の違和感もない。どちらの建物も今のわたし自身の気持ちと事務所を含む周辺状況が無理なく映し込まれている。

この二つの建物は対照的である。体育館の方は単純な機能をベースに明快な形をしているように見える。技術的挑戦にも取り組んだ。もう一方の市庁舎は、大きな枠組みはスタティックに抑え、そこにこれまで蓄積してきたノウハウやディテールを投入した建物である。

実は、どちらも実現しようとした空間の質、思い描いた空間の質、実現したいと願った空間の質、は同じものである。それは、人の居場所をつくること、人が居ることを許されていると感じることができる場所、それをつくろうとした。3・11以降、特にその思いが強くなっている。これらの建物は、種類も違うし置かれた条件もまったく違う。しかし、それにもかかわらず出来上がった空間の質は同じである。ところが、人は形を「見る」のであって、空間的な体験は「わかりにくい」し言葉にはなりにくい。

安曇野市庁舎は、ヒロイックな形態を持つわけでもなく、ローコストな建物であり、劇的な空間が展開するわけでもなく、それでいて細部に至るまで考えつくし、空間に密度を与え、建築にしかできないこの場所固有の価値を生み出そうとしている。

こうしたアプローチになったのには訳がある。安曇野市は、平成の大合併で五つの市町村がひとつになった自治体である。まだ時間が十分に経っていない。そんな中で行政の中心となる市庁舎を建てようというのである。市側としては、行政庶務の集約化と効率化は是非とも必要なのだが、いまだに感情的な反発もあり、神経質にならざるを得ない。したがって建物の在り方は、地味で目立たず質実剛健、ということが強く求められた。つまり、なにより実質的な建物である必要があった。

事務の効率から、できるだけ広いフロアとし、四層のフロアで構成している。また、中央部が暗くなるので二つの吹き抜けを設け、ここを縦の主動線とすると共にトップライトから光を入れている。災害時も機能せねばならないことから免震構造とし、事務空間はスパンを飛ばすために、高強度のPCaの柱梁にポストテンションを加えて構成するシンプルなラーメン構造とした。日差しが強い所なので、庇代わりにテラスを四周に設けた。寒さが厳しい所でもあるので外断熱にし、それを木製パネルで覆った。内部空間に出てくる壁も、可能な限り木パネルで覆った。

　これが月並みな建物の説明の仕方だが、これだけではここでやろうとしたことの本質を理解してもらうことは難しい。合理的でローコスト、構成に理路があり、ディテールにも理屈がある。しかし、そんなことをいくら積み上げていっても、建築という価値が可能なのかどうか、この地域のここだけの価値が生み出せるのかどうか、物質にそうした精神を宿させることが出来たのだろうか、いろいろな価値が流れ込むような空間が生み出せているのだろうか、それはまったく不明なままだ。それがこの建物に対する根源的な問題意識だった。

　形は凡庸だが、はたして「新しい凡庸さ」はこの「目に見えない空間の質」に宿っているのだろうか。それだけが気がかりだった。

トム・ヘネガンとの対話

　もう二〇年ほど前（一九九六年）のことになる。『新建築住宅特集』誌上でトム・ヘネガンと対談をやった（『新建築住宅特集』一九九六・一一「対談：地球の上に強く棲む」）。ふたりとも四〇代半ばのほぼ同世代ということもあって、ずいぶん肩の力が抜けた楽しい会話だった。わたしの造るものは「ほかの人と比べるとオーソドックスでおもしろくない建築家だと思う」（『建築文化』一九九六・四）という数ヶ月前の発言をトムが引っ張り出してきて、建築のベーシックな成り立ちにこだわるところが共通点だと指摘した。そして、「ふたりともこの世でいちばんつまらない建築家だとずっと言い続けるのもいいんじゃないか（笑）」と言った。誌上ではわからないが、ふたりとも大笑いだった。後になって林昌二さんは、読んで久しぶりに笑った、と個人的に評してくれた。

この大笑いの裏には、一九八〇年代のバブル経済とポストモダニズムの狂気の時代を、身をかがめて過ごしてきたわたしたち世代の偽らざる心境が潜んでいる。自らの設計を振り返ってみても、牧野富太郎記念館のように、はっきりとした形のクセがあって、わかりやすいところもあり、それ故に結果として「面白い」と世の中から見られる建物ができることもある。しかし、設計に臨む姿勢としてはそのことに浮き身を費やす気持ちはまったくなかった。それはあくまでも結果であって、求める目的ではない。

つまらなくて価値のあるもの

トムとの対談が頭のどこかに残っていたのかもしれない。あれから六年後（二〇〇二年）、「つまらなくて価値のあるもの」という文章を書いた。念頭にはその当時設計に取り組んでいた島根県の西の端にある益田市の島根県芸術文化センターのことがあった。

「わたしの設計する建物は、どちらかといえば面白みに欠ける。エキサイティングでなく、ドラマチックでもなく、啓示的でもなく、少し無愛想で、やや頑なで、淀んでいる。」

かなり挑戦的な文章だ。六年前の発言とも重なる。

当時、バブル経済崩壊後、空白の一〇年、その停滞を都市政策で巻き返そうと、いくつもの巨大開発が立ち上がりつつあった。世に言うミニバブルの到来である。あぶないあぶない。これはいつか来た道だ。一九八〇年代の狂乱のバブル経済の時、建築界はこれに連動して、右から左までポストモダニズムという流れの中で、奇妙な形をした安手の建物を量産してしまった。それを思い出して、ささやかな抵抗を試みたつもりだった。

世の中に「面白くて価値のないもの」が溢れているのだから、その反対の価値を生み出せれば本望だ、それこそが自分のやろうとしていることだ、ということをあの文章の中で表明しようとした。建築写真では伝わりにくい微妙な空間の質、雑誌の誌面ではわかりにくいこと、それらの中に何か時代の推移とともにかき消されていくような大切なことが含まれている気がしていた。だからあえて言わねばならない、という切迫した気持ちもあった。

こんなことを考えながら島根県芸術文化センターは出来上がった。地域の歴史的な時間に向き合おうとしているこの建物の体内時計は、おそろしくゆっくりしている。その設計に向き合う中で、何を大切にしようとしているのか。それを説明しようとした。「つまらなくて価値のあるもの」。これはある意味で、「自分のやっていることのもっとも大切なところは説明が不可能である」、と居直っているのである。しかし、これを軸によりクリエイティブになるためには、もう少し自覚的に話を整理しておかねばならない。

「つまらなくて価値のあるもの」とは、少し斜に構えた発言で、別に「つまらないほうがいい」と言っているわけではない。「面白くて価値のあるもの」のほうがいいに決まっている。「面白さ」は人目を引き、人を元気づけ、期待を膨らませる。これはこれでいい。しかし、建築が本来担わなければならない長い時間からすれば、その効果は極めて短期間で消費される小さなパーツでしかない。人の心は飽きやすい。短期決戦が勝負の商業建物ならそれもいいが、長い時間存在させようとする建物では、それは困る。「面白さ」は初期に求められる付加的な要素に過ぎない。

悲しい定め

悲しいことに、建築家は仕事を得るために建て主の前で「芸」を披露しなくてはならない。そうなると、何か面白いもの、目新しいもの、建て主を喜ばせるようなもの、驚かせるもの、そういうものばかりに目がいくようになる。なにより、公共の建物であれば設計競技を勝ち抜かねばならない。目立たなければ拾われない。そもそも仕事にありつけない。

しかし、建築家が本当に喜ばせなければいけないのは、審査委員や目の前の建て主だけではない。自明のことだが、何世代にも渡ってそれを使う人々の喜びとならなければならない。一口に「芸」といっても、世代を越えて価値を継承していくようなものであるはずだ。

これは昨今流行の若手お笑いタレントのさして面白くもない一発芸とは対極にあるものだ。残念ながら、建築の表現も若手芸人に倣って一発芸が多くなりつつあるような気もする。その一方で、建築は常に技術とともにあり、その技術は日進月歩し、人々の生活を変え続けている。だから、伝統の中にあるような芸がいいと言っているわけでもない。

建築に「面白さ」を求めることは危険だ。一発芸と同じで、「面白さ」は一時もてはやされるが、すぐに「時代遅れ」になる。「面白さ」があったにしても、それはやはり建築の原理原則に適ったものでなくてはならないはずだ。しかし、それはそうたやすく手に入る類のものではない。

昨日目新しく話題になった建物が、見る間に日常風景の中に飲み込まれ、忘れ去られていく様をいくつも見てきた。だから、「面白さ」を建築という価値の中心に据えていいはずがない。

世の中の公共建築を見渡してみると、「面白くて価値のないもの」ばかりが目立つようになってきている。そこで、逆説的なようだが、あえて「面白さ」を捨ててはどうか、それよりは世代を越えて受け継いでいけるような「価値のあるもの」を目指してはどうか、また、多くの人が「生きること」、「生き生きと生きること」を価値の中心に据えてはどうか、とあえて言ってみたい。

「面白さ」はわかりやすく、それ故伝わりやすいから流布しやすく、それ故に容易に消費されていく。とかく人の心は飽きやすい。それに対して、建築的体験の中に留まるような「わかりにくさ」は言葉になりにくい。それ故、伝わりにくい。この矛盾を乗り越える必要がある。

都会的な目線の届かぬ先で

建築は経済の動向と密接に結びついている。経済が良くなれば、建築を巡る経済状況も良くなる。しかし、だからといって良い建物が生まれてくるとは限らない。本来なら、多少なりとも建物が建つ時代に、次の時代に手渡せる社会資本としての建築を、さらにはこの時代が生み出した建築文化の深層を蓄積していくべきなのに、多くの場合、目先の経済の動向に乗せられてしまって、浮かれた建物がたくさん出来てくる。これでは同じことの繰り返しだ。

そんな危惧を抱いた時によく思い浮かべたのは、名もない、というよりはあえて名を持とうとしない優れた建築家たちの姿だ。寡黙に、そして営々と設計に向き合っている地方都市の建築家たち、時おりそうした人たちの「凡庸さ」のなかに、驚くほど奥深い思考があることを見いだすことがある。

つつましい、つまり都会的な目線からは一見「つまらない」住宅作品の中に、予想外の「価値のあるもの」に出会うことがある。特に近年、その回数が増えているような気がする。たとえば、倉敷の街造りで知り合った楢村徹さん、中国建築賞で知り合った岡山の神谷昭雄さんと大角雄三さん、吉岡賞の審査で作品を見せていただいた名古屋の杉下均さん、そのほかにもたくさんいる。

こんな感覚を抱くのは、わたしの歳のせいなのか、生き馬の目を抜くような都会暮らしに疲れ始めているのか、わたし自身が時代遅れになり始めているからなのか、判然とはしない。しかし、それを差し引いても、地方の建築が新たな空間を獲得し始めていることは確かなように思える。

この人たちの仕事は、いわゆる都会的センスを漂わすような、いわゆるエッジの効いたデザインからは遠い。けっしてわかりやすい建築の類には属さない。多くはごくありふれた姿形をしている。しかし、たとえ素材が簡素なものであっても、ひとつひとつ丁寧に練り上げられ、異様ともいえるディテールの集積があり、全体から細部に至るまでプロポーションが素晴らしい。

でも、これは当人の熱心な解説がなければ「わかりにくさ」に繋がる。また、全体の形はきわめて抑制されていることが多いから、こちらが関心を寄せなければ、街並みに紛れて見過ごしてしまう。この特性も「つまらなさ」という誤解を生みやすい。

そんな仕事をする建築家は、地域の人たちからも一目置かれていることが多い。そういう人に出会うと、「偉大なる凡庸さ」という言葉が浮かんでくる。この在り方は、怠惰や無気力とはまったく違う。「複雑な内容を持った凡庸さ」と、状況に流されるだけで「何もしていない凡庸さ」の間には大きな距離がある。それは、怠惰や無気力とは無縁のもの、それらとは対極にあるものだ。その場所に留まることに耐える精神力、凡庸さに耐える勇気、建築がもたらすものに対する信念、生きることに対する諦念、それらが高度なレベルで伴わないと達成することが出来ない。

いつだったか思い出せないのだが、ある小さな地方の街を歩いていて、学校帰りの中学生くらいの二、三人の子とすれ違ったときに、明るく大きな声で、こんにちは、と挨拶された。意表を突かれ、あわててこちらも挨拶を返したのだが、遅れを取ったことに少し気恥ずかしい感じがしたのを覚えている。学校から言われていてそれに従っているだけだとは思うのだが、どういうわけかその瞬間、その街との距離が縮まり、その街が好きになった。観察するだけの無縁な対象から、呼びかけられたのである。

これを「対象からの能動的な働きかけ」と捉えることは出来ないか。自分と他者の間に引かれた境界を乗り越える働きかけである。そのとたんに、ありふれた「普通」の「つまらない」街の風景が、「価値のあるもの」に変わったのである。対象が、「観察」するもの、すなわち「見るもの」から、「体験」するものへとシフトしたのである。

おそらく、先に述べたような地方の建築家たちは、こうした「体験」の側に身を置いているに違いない。彼らが意図的に身の回りに纏っている「体験」のベールは、対象を他者の目線から「観察」することを許さない。その目線の在り方に彼らの譲れない姿勢がある。そして、そこに学ぶべきことがある。

ボロボロのノートカバー

一般論としての「普通さ」が個人的な「体験的な価値」に置き換わらなくては、それは力にはなり得ない。逆に言えば、「体験的な価値」を導き出すような「凡庸さ」があるはずであり、それこそが求めるものなのかもしれない。

いつも持ち歩き、あらゆることを書き留めているノートがある。予定表、メモ、面白かった展覧会の切り抜き、プロジェクトのスケッチ、なんでもこの一冊のノートに納めるようにしている。実は、ただの市販のありふれたごく普通の能率手帳だ。建築家なんだからもっとカッコイイものをつかってはどうか、とよく言われた。デザイナーからは、冷ややかな侮蔑の眼差しを投げかけられる。しかし、三〇年も前から同じものを使っているので、おいそれとは変えられない。あらゆる情報を貼り込んでいくので、このノートが年末に向けて倍ぐらいの厚さにふくれあがっていく。

このノートを包んでいた革製のカバーがある。究極的に金がなかった三〇代の終わりの頃、奮発して革屋さんに頼んで作ってもらったものだ。誇りを捨てないために、心の支えとして何かほしかったのだと思う。焦げ茶色の分厚い牛革で、出来たてはシンプルでありふれたもので、これといった特徴はない。「凡庸」きわまりないデザインである。それが今は、インクの染みがあり、無数の傷があり、折り曲げる背のところはヒビだらけ、肩の所は摩耗で大きく削られている。あまりにボロボロになったので数年前に二代目になったが、二〇年以上片時も離さずに持ち歩いたものだ。

他人から見たら、何の価値もないみすぼらしいカバーだが、わたしにとってはかけがえのない価値のあるものである。実は、こんなものは誰しも持っているはずだ。これが本当の「価値のあるもの」である。この本当の価値というものは、生み出すものではなく、生まれてくるものであり、なおかつきわめて個人的なものなのだと思う。ありふれた特徴のない「凡庸」なものが、わたし個人にとってはなにものにも代え難いものになっていく。そこにはわたしだけの時間の堆積がある。わたしとこの革のカバーの間には強い絆があり、目に見えない空間がある。

わたしの建築も、この革製のカバーのようなものでありたいと願っている。建築は生み出されるものだが、その中に唯一無二の価値が生まれてくるようなもの、その価値を傷だらけになって守るようなもの、そして、生まれてくる体験がそれぞれ異なる個人的なものであるようなもの。そんなものをつくりたい。

存在全体を満たすもの

建築という価値そのものの本来的な意味は、構築的な意志とも言える抽象概念である。だから、建築について考えることを止めてはならない。止めた段階で、つくっているのはただの建物になり、建築家は建築家であることから失墜する。つまり、つまらなかろうが面白かろうが、「価値のあるもの」を考え、求め続けなければならない。

かつて九鬼周造は自書の巻頭に「思考は存在全体を満たさなければならない」というフランス革命期の哲学者メーヌ・ドゥ・ビランの言葉を掲げた。この言葉を建築に置き換えてみる。実現しようとする空間をイメージすることは、「その建築が過ごす時間全体を満たさねばならない」はずだし、空間を設計することは、「建築全体を満たさなければならない」はずであり、したがって、この市庁舎のような地域の建物は「地域全体を満たさねばならない」はずである。

これらのことは、設計する側もそれを受け取る側も「体験的な価値」を求める中でしか姿を現さない。建築空間であれ、街造りであれ、ランドスケープであれ、そこに何かを満たすことも、満たされたものの真実を受け取ることも、体験をベースにするしかない。その空間の中に身を置き、その場所で時を過ごすことでしか受け取れないようなもの。それが体験的な価値だ。それは目に見えない。そこには「面白さ」もないかもしれない。写真にもなりにくいかもしれない。だから伝わりにくいかもしれない。体験的な価値とは元来そういう不確定で不利な宿命を負っている。

しかし、たとえそうであっても、わたしは空間をつくりたい。空間に淀む空気の質をつくりたい。目に見えない空間を何かで満たしたい。そして、そこで体験することでしか受け取れないような価値をつくりたい。空間を何かで満たし、そこに人が介在し、その中に人が入り込み、その相互関係が新たな価値をつくっていく。そういう空間をつくりたい。

いまや情報化が世界を覆いつつある。それは、面白く、安易で、速く、複製可能で、浮薄で、狡猾でさえある。この流れが、建築の本質から生命を日々奪っているような気がしてならない。もしこの流れに建築が反旗を翻すとしたら、体験的な価値に軸を置く以外にない。ここからしか建築の次の時代を切り開く価値は絶対に生まれてこない。

だから、もしそれが可能になるなら、建物の姿形など犠牲にしても一向にかまわない。その結果がたとえ「凡庸」であってもかまわない。「面白さ」を犠牲にしてでもそれを手に入れたい。「本当の新しさ」は形態の目新しさに宿るのではなく、「目に見えない空間の質に宿る」のだと信じているからだ。

わたしのボロボロのノートカバーのように、「凡庸」であるが故に「つまらなくて価値のあるもの」は、われわれの身近な暮らしの中に散りばめられている。その在り方に目をやり、その在り方に学び、その思考を建築という大きな枠組みの中に実現したい。それが手に入れば、その建築は「新しい凡庸さ」を備えているはずであり、それは「面白くて価値のないもの」を笑い飛ばす力を内に秘めることができるはずだ。

呼びかける市庁舎

ヒロイックな形態を持つわけでもなく、劇的な空間が展開するわけでもなく、それでいて細部まで考えつくし、空間に密度を与え、建築にしかできないこの場所固有の価値を生み出そうとしている建物。その分かりにくさに言葉を与えるとしたらどのようなものになるだろうか。

九鬼周造は名著『「いき」の構造』の冒頭で、フランス革命期の哲学者メーヌ・ドゥ・ビランの「思考は存在全体を満たさなければならない」という言葉を掲げている。「いき」は「粋」であり、「生き」であり、「意気」であり、「垢抜けして(諦め)、張りのある(意気地)、色っぽさ(媚態)」が共存した状態である、としている。書かれたのは昭和初期、おそらくまだ江戸文化の名残としてまだ世間に残っていたなんとも説明しがたい「いき」という言葉を、構造的に読み解こうとしている。九鬼が提示した、三つの指標に当てはめてみると、安曇野市庁舎の分かりにくさにすこしは整理が付くような気がする。

「媚態(色っぽさ)」とは言葉が似つかわしくない。要は、建物が街ゆく人に呼びかけるような表現を持ち得るかどうかということだ。周囲にバルコニーをまわして陰影を作り、その奥に木のパネルが見える。木が見えることによって、市庁舎の固いイメージを取り去り、建物の側から市民に呼びかけ、より近しいものにすることができる。さらに、地元の木を使うことで、これはあなたたちの建物ですよ、と街ゆく人に呼びかける。

「媚態」が「人を引き寄せる力」を言うのであれば、「意気地」はそれとは反対の「人を突き放すような力」のことである。金や身分や権力、そうした俗世が生み出した関係性に反発する心意気のことである。「意気地」とは心意気であり、俗世や通念に立ち向かう勇気のことである。それがないと「意気地がない」ということになる。地域がどうであろうと、市がどのような意向であろうと、市民がどう考えていようと、そんなこととは関係のない次元で普遍性があることを示す。それがこの建物では構造だ。構造の単純さは、合理性と経済性と耐久性、こうした近代社会における自立的な価値を表明している。構造的に最高の建物を提供するというのは、設計者の意気地でもある。この建物は、全体構成として、免震、プレキャストコンクリート、ポステンション、といった技術の結晶のような構造体になっている。

「意気地」と「媚態」、この組み合わせがもっとも密度をもって凝縮されたのが、階段のある吹き抜けの空間である。ここにはトップライトがあって、それらの関係性がこの建物の芯にあることを表明している。

それでは、「垢抜けしている」ことの裏側にある「諦めの感情」はどこに現れているのか。まず、「諦め」という言葉は適切ではない。諦めというようなネガティブな意味ではなく、それを突き抜けてその場所に生きる前向きな「覚悟」や「自覚」として位置づけられるべきだろう。このことは、可能な限り低層で処理しようとしたこの建物の全体構成に現れている。床面積の割に建物が低く見える。この全体の立ち姿を通して、地域に生きる自覚の姿を建物に与えたかった。

困難ではあるが「思考は存在全体を満たさなければならない」はずであり、この言葉を建築に置き換えれば、「設計することは、建築全体を満たさなければならない」はずであり、地域の建物は「地域全体を満たさねばならない」はずである。その意味で、市庁舎の建物を造り上げるという地元地域の「覚悟」は、地域全体を満たさねばならないのである。市民に「呼びかけ」、唯一無二である「意地を示し」、そこに生きることを「覚悟する」。これが町村合併という地域再編のプロセスを経過した自治体の庁舎のあるべき姿だと考えている。

市の一貫した意向は質実剛健だった。地元設計ＪＶとは良いチームを組むことができた。建設会社も熱の入った施工をしてくれた。簡素で実用的、それでいてこの場所にしか成立し得ない唯一無二の建物ができたと思う。

質実剛健な温かさを求めて

安曇野ちひろ美術館は安曇野市の北隣の松川村にある。ちひろ美術館を設計していた頃、行き帰りによくこのあたりを通り過ぎたので、この地域の気候や気質には、ある程度通じていた。安曇野には我が国でも有数の美しい農村風景が残っている。春先、水田に水が張られ、遠くに白馬連峰がまだ雪を戴いている。透き通るように青い空と冠雪した山々が、鏡のような水田に映し出される。陶然とするような美しい風景だ。秋にはその水田が黄金色の稲穂の絨毯に変わる。安曇野は四季を通して美しい。

しかし一方で、気候は厳しい。冬は氷点下一〇度以下になる。寒さは旭川並みだ。空気が澄み、高度もあるので日射も厳しい。景色の美しさと気候の厳しさがこの地域の特徴と言ってもよい。そしてこの風土とともに、ここに住む人たちの気質もある。質素で、温かく、清楚で忍耐強い。

コンペに勝つには勝ったが、宮澤市長はわれわれの案が気に入らなかったようだ。提案は、四分の一の円の平面をもつ特徴のある形をしていた。この平面形が一番北側に影を落としにくく、この寒冷地でのひとつのプロトタイプとして有効なのではないか、と提案した。しかし、市長にはこの特徴のある形が贅沢な遊びに見えたのかもしれない。そして、しきりに「質実剛健」という言葉を繰り返した。今から考えると、これは達見だった。市町村合併をしたばかりの安曇野市では、まださまざまな事情を抱え、庁舎建設に反対する人たちも居る。まずはしっかりした中心を作ることが必要だったのだ。

市長の気持ちと抱えている事情が分かったので、案を躊躇なく変えることにした。平面を単純化し、無駄をなくし、これ以上合理的な平面構成がないくらいに構成し直した。そして、やはり市役所はいざという時の地域の要なので、免震構造にした。地下のパーキングから柱間を決め、地下階の柱頭に免震層を設けた。冬期の凍結が懸念される気候なので、柱梁をPCaのラーメン構造で構成し、スパンを飛ばすためポストテンションを加えた。その柱梁のモジュールに載らない諸室を四階に配し、この階は鉄骨造とした。寒さが厳しいので外壁は外断熱とし、それを市有林から切り出した檜の板張りで覆った。内部もでてくる壁は可能な限り地元の唐松材の板張りとした。温かな内部空間が出来上がった。

安曇野市庁舎は、ヒロイックな形態を持つわけでもなく、劇的な空間が展開するわけでもない。質実剛健で簡素な建物だ。ローコストといってもよい。それでいて細部に至るまで考えつくし、それが空間に密度を与え、建築にしかできないこの場所固有の価値を生み出そうとしている。

建物が完成してから、毎週のように多くの市民の参観があり、おおむね好評で安堵している。簡素で、簡潔で、清楚で、温かい。そんなこの土地にしか成立しない建物が出来たのではないかと思う。

人の居場所を求めて

制約を求めて

海の博物館以来、ポストモダニズムがもたらした形態の遊びから抜け出すための方法として、観念的なイメージから建築を構想することを自ら禁じてきた。

その手段のひとつとして、技術、とりわけ構造に重きを置いてきた。建築を巡るさまざまな技術の内で、最もシンプルで手強い相手だからだ。思ったようにはならない。その制約があるところがよいのだ。ところが、一九九〇年代も半ばを過ぎると、コンピュータによる解析が主流になり、かなりのものが解析出来るようになった。つまり、構造の自由度が飛躍的に上がったと言ってもよい。そうなると、建築を制約する新たな枠組みが必要になってくる。

わたしにとって、そのひとつが木構造だ。木は優れた材料であるが、半自然の材料であり、デリケートな素材だ。そしていまだに分からないことがたくさんある。鉄とコンクリートの二〇世紀は、一貫して木構造を疎外し、この材料に向き合ってこなかった。だから、この素材で何か新しいことをやろうとすると、いまだに経験的な知識に頼る部分が多い。したがって、解析を越えた素材に対する理解が求められる。解析は手段のひとつでしかない。もちろん綿密な解析は必要だが、その上で、それを可能にするディテール、制作する上での品質管理、組み立てる上での精度管理、これらを統括する設計の認識、どれが欠けても成立しない。この制約があるが故に、自らを縛るものとして木構造に向き合ってきた。

代々木ではなく

代々木体育館が戦後建築の金字塔であることは誰しも認めるところだろう。あの空間は素晴らしい。半世紀の年月を経てもその空間の力が衰えることなく伝わってくる。技術的にもケーブルと鉄骨の技術の粋を駆使した建物だ。そしてそれは、戦災から立ち直る新しい近代的な国家のシンボルにふさわしい姿をしていた。ここでは、鉄とコンクリートと先端技術と建築と近代国家がみごとにシンクロしている。

代々木体育館がオリンピックという国家イベントのためにつくられた国家の建物であるとしたら、それとは違う地方の時代の地方の建物を構想してみようと考えた。ローカルな素材を主役にし、持てる技術を駆使して唯一無二の建物をつくる、という在り方があってもよいはずだ。草薙という場所には、国家という怪物が出現する以前を想起させる不思議な空気が漂っている。この風土とシンクロするとしたら、木構造以外は考えられない。

指先の直観と思いつき

木造をどう考えるか、どのような空間が実現されるべきか、敷地に対してどう考えるべきか、思案していた。年の暮れに自宅でヨーグルトの小さな容器のアルミ箔のフタを開けている時に、妙にヒダの柔らかい線が気になった。ヒダを木部と考えてみてはどうだろう。それなら木を同じ長さで加工すればよいことになる。特に大きな力が掛かる大架構では、木は可能な限りシンプルに使うべきだ。特に長期の曲げが掛かるような力は極力避けるべきだと考えていたから、同じ長さで構成するアイデアが気にいった。

手元のハサミで真ん中を切り抜くと、放射状の模様がついたドーナツ状の同心円のリングができた。平面的に予想される楕円形の外形線を保ちながら、ヒダの部分を立てて曲面をつくっていくと三次元に変化する有機的な壁面が現れた。さらに切り残したフタを二つ折りにして載せたら、見たことがない面白い形になった。この形なら屋根部は鉄骨トラスだろう。短手方向に梁を掛けるとすれば、スパンを飛ばしたいところほど梁背がとれるから具合がいい。大まかなスケッチを描き、ちいさなモデルをセメダインで紙に固定して、それを壊れないようにタバコの空き箱に入れて、正月明けの事務所に持ち込んだ。

幸運なことに、設計競技の激戦を勝ち抜き設計をさせていただくことになった。普通なら、実際の設計に入ると形は二転三転して大きな変更が出るものだが、この建物に関しては、最初のアイデアと全体の形状については、最後まで大きく変わることはなかった。

還暦過ぎて日が暮れて

二〇一〇年に還暦になった。寄り道ばかりしてきた人生の残り時間を考える歳になり、日に日に建築の設計に専念したい思いが強くなっていた。大学を辞して設計に専念することにしていたが、戻る事務所に仕事がなくては心許ない。何かそれまでため込んでいた思いを注ぎ込むようなプロジェクトがほしかった。

ところが、一〇年勤めた大学を辞する最終講義の三〇分前、尋常でない大きな揺れが来た。三月一一日だった。なにか宿命のようなものを感じた。以来、大学を辞した分、被災地に通うことになる。草薙の建物の設計競技に取り組んだのは二〇一〇年の暮れから、実際の設計に取りかかったのは二〇一一年の四月以降だから、被災地に通う中で感じ取ったことが色濃く投影されている。人が居ることを否定された風景ばかり見ていると、「居てもいい」と無言の内に語っているような人の居場所をつくりたくなる。大きな空間なのに自分の居場所があると感じてもらえるとしたら、被災地での体験が生きたことになる。皮肉なことにこの後、多くの建築家の関心の的になっている新国立競技場の審査にも巻き込まれ、不本意ながらこの間の顛末の当事者のひとりになってしまった。だから、その推移も横目に睨みながら現場に通うことになった。これも宿命か。

想起させるもの、枠組みをあたえるもの

直観を現実のものとするには、これに制約を与える必要がある。それがこのプロジェクトにおいては、地場産のスギを主構造として使うということだった。この不自由な制約ゆえに、直観は試練を与えられ、鍛えられ、研ぎ澄まされ、空間は唯一無二の練熟したものになる。結果として、あらゆる技術と知恵を結集させたような難易度の高い建物になった。何故ここまで複雑な構成になったかというと、デリケートな木を主材料にしたからだ。

しかし、出来上がった草薙の建物はそんなことは一切感じさせない。なにか晴れ晴れとして抜けがよい。この場所がそうさせているのだと思う。富士山があり、三保の松原があり、日本平が

あり、登呂遺跡があり、そして草薙の地名は草薙の剣に由来する。この場所には古事記以来の伝説がいまだに漂っている。空間的なスケールとしても伸びやかであり、時間的なスケールとしても大きい。

地方の時代の地方の建物であるためには、空間的にも時間的にもその場所とシンクロしていなければならないだろう。おおらかな空気から直観的に感じ取ったもの、それに地場の木材がもたらす技術的側面から枠組みを与え、再構成する。地域的な素材は、遠い過去から流れてくる長い時間を想起させ、技術がもたらす普遍性は建築を現在から近未来へとつなぎとめる回路を持っている。それ故この建築は、ノスタルジーに寄り掛かることなく、あの場所の太古でもあり、過去でもあり、現在でも近未来でもあり得るのである。少なくとも、そういうものたちと共にありたいと願った。

幸運なことに、初めに直観で捉えた思いを遂げることが出来た。つたない思いつきの直径三cmあまりのかわいい模型が、おおよそ三〇〇〇倍の直径一〇〇mの巨大な建物になった。

直感の中に合理性を見出す

何かに似てくるときはうまくいっているものだ、とスペインに居たときの師匠であるフェルナンド・イゲーラスからよく言われた。一緒にプロジェクトの案を練り上げているときだ。それが彼のやり方であることは分かっていた。彼を有名にしたマドリッドのオペラハウスの案やモンテカルロの多目的センター、未完の傑作と言われた国立芸術文化会館。どれも何かに似ている。というより、彼のインスピレーションの始まりに、美しい、という感動があったことが一目で分かる。サンゴであったり、枯れたヒマワリの花だったり、その中に見出した美しさを建築に映し込もうとする。彼はそれを隠そうともしない。直観的に美しいと思うこと、面白いと思うことの中に、創造の源泉を求める。その意味で、彼は建築家というよりアーチストだった。観念的なポストモダニズムにがんじがらめになった日本の建築界に見切りをつけて彼の元へと走ったのは、この考え方に可能性を見たからだ。

これ（静岡県草薙総合運動場体育館）ができたら、たぶん登呂遺跡の竪穴式住居を模したものとか言われるんだろうな、と思っていた。それをどう否定するかとあれこれ考えていたが、出来上がってみると、予想に反してそういう声はまったく聞こえてこなかった。愛称募集では三〇〇

○以上の応募があったが、登呂に結びつく案は数点だけだった。計画する段階で意識したことはなかった。木を可能な限り単純に使う、ということのみに集中していた。同じ長さと同じ納まりで木を使う。出来るだけ曲げ力が掛からないように考えた。長期の屋根荷重を支える、すなわち鉛直力を負担する主材として木を扱った。素直な使い方だと思う。

この架構を最初に思いついたのは、小さなヨーグルトのアルミ製の蓋をあけているときだった。普段そんなことは考えもしないのだが、柔らかな襞の曲線が奇妙に気になった。やわらかくて美しい。真ん中を切り取って、残った襞を予想される平面に合わせて立ち上げてみる。短辺方向のスパンを短くするために傾けてみる。それに切り取った丸い部分を二つ折りにして載せてみると面白い形になった。この構想で設計競技に臨むことにしたが、この段階になっても竪穴式住居との類似は意識しなかった。

この形の中にどのような合理性が潜んでいるのか、簡単なスケッチをしていく。その時、斜め上から全体の姿を描いたとき、似ていることに気がついた。フェルナンドの言葉が頭の中に蘇ってひとりにんまりした。何かに似ているなら、うまくいっているんだろう。この案で計画は進み、設計競技を勝ち抜き、基本設計、実施設計というプロセスを経て、現場監理でさらに原質的な問題を解決しながら完成した。二五六本の木の柱が、おおよそ二三〇〇tの鉄骨トラスの屋根を支えている。木の部分に掛かる水平力は、木の構面の外側に網目状にスチールトラスを巡らせて負担するようにしている。柱を固定するRCリングにポストテンションを加えて変形を押さえ、それを免震層の上に載せた。複雑な構造である。これもデリケートな木を使いこなすために起きたことだ。

この間、初めのアイデアは大きく変わらなかった。こんなことも珍しい。しかし、よく考えてみれば竪穴式住居は、加工技術も無い中で、手近の限られた木材で基本的な構造をつくり上げている。四本の柱を立て、梁を渡し、基本的な枠組みをつくってから、ほぼ円形の平面に合わせて斜め材を掛けていく。この単純さが類似した形態をもたらしたと言えなくもない。力の流れに関する考え方はまったく違うが、これはこの建物の基本的な考え方にもつながる部分でもある。

包まれるということ

大空間の難しさ

どうしてだかよく分からないけれど、大きな空間は滅多なことでは人の心を動かさない。多くの場合、建築とその空間に身を置いた体験とが結びつかないからだ。

知る限りにおいて唯一の例外が代々木体育館だ。あの建物は、全体の構造的な構成原理が人の近くまで降りてきている。つまり、大空間を作り上げている仕組みが、すぐ手近なところから実感できるように作られている。それが次第に高く大きな空間へとつながっていっているので、その空間全体をそこに居る人が我がものと感じ取ることが出来るのである。内部空間も、競技が行われる一番天井の高いところから観客席の端部にいくに従って人のスケールになっているから大きさを感じ取りやすい。その結果、体験的な空間が生まれ、包まれたような感覚を人に抱かせる。これが求めるべきスタジアムの本当の力だろう。

一方、東京フォーラムのガラスの大空間はこれとは対照的だ。構造的にあれほどの挑戦をしているにもかかわらず、その大きさが全く感じられない。遥か上空で何かすごいことが展開しているのだが、それが地表レベルに降臨してこない。ガウディのサグラダ・ファミリアの新築部分の大空間も、何か作り事のような感が否めないのも同じ理由だ。

大空間が人間のものになるためには、全体の構成原理を提示するだけでは足りない。その大きさにふさわしいスケールのコントロール、空間ボリュームを伝えるためのディテールの積み重ね、そしてその空間の価値をどのようにして人のところまでもたらすかの戦略が必要だ。大空間であればあるほどこうした精緻な構成を採らなければ、空間体験としてのヒューマンスケールは拡散していき、それは人間の心理からは離れていってしまう。

スケールをつなぎ合わせる

静岡県草薙総合運動場体育館でもそのことばかりを考えていた。スタジアムを空間として考えること、シンプルな空間の構成原理全体が包み込むような空間として体感されること、大きなスケールを身近な所までつなぎ合わせ、高さのあるボリュームを人の居る所まで降ろしてくること。これらのどれが欠けても空間は胡散霧消し、大きな空間に包まれるという体験は遠ざかってしまうだろう。

大きな断面詳細図をスタッフに描かせた。最近、事務所でよくやるやり方だ。この図面の中に、描き込めるだけのあらゆる情報を描き込む。大きなプロジェクトで図面枚数が増えていくと、どうしても空間に対する意識が遠のいていく。特に手描きの図面がデジタルになってからはこの傾向が強い。断面詳細図は、五〇分の一のスケールだから幅が三メートル近くなる。このプロジェクトのこの図面の出来がいい。大きいスケールから詳細の微妙な癖まで、連続的に想像することが出来る。こういうときはうまくいっているときだ。

積み重なるディテール

裏側にうっすらと屋根の鉄骨トラスの存在を感じさせる木のルーバーのピッチ、構造によってもたらされる角度が変化する木の柱の刻み方、ポストテンションを加えたRCリングの見付の幅、その下に展開される天井の高さ、免震層を載せるRC柱の柔らかな曲線、その周囲を取り巻くアルミサッシの分割と納まり、周辺のランドスケープによる建物と大地の関係性の作り方。こうした通奏低音から旋律的なディテールまで、それらが奏でる総和が人を包み込むような空間へとつながっていく。そう考えて設計に当たったのだけれど、果たして現実にうまくいっているかどうか。

生きた大空間へ

オープニングイベントでは大相撲静岡場所が開催され、七千人以上の人が詰めかけてアリーナまで人で埋め尽くされた。想定外の使われ方だったが、空間がゆったりと受け止めてくれている感じに安堵した。空間全体が多くの人を無理なく包み込んでいた。そして体育館は、次の日から高校生がバスケットの試合をしたりする普段の風景になった。数十人が使っている風景だ。これはこれでなかなかいい。空間にゆったりと包まれているような感じがする。少ない人数でも人と大空間が一体になっている。求めたものが出来たのではないかと思う。

「安曇野市庁舎」建物全景。北アルプス連峰の裾野に広がる安曇野の扇状地の中に位置している。

外観。各階の外周にバルコニーを廻し、1～3階の外壁には市有林から伐採したヒノキ材の小幅板でパネルをつくり、押縁材で留めつけた。　（写真　吉田誠）

天井にトップライトを設けた明るい吹き抜け階段。階段の手摺や桟にはナラの集成材、共用部の壁と天井にはパネル化した県産のカラマツを採用し、温かみのある庁舎にした。

4階の議場。壁はカラマツの下見板、天井にはカラマツ材のルーバーを張り、隙間で吸音を取っている。船底型の天井にはトップライトを設け、明るい議場とした。

アイディアの源となったヨーグルトの容器のアルミ箔のフタ。フタの外周のヒダで楕円形をつくり、その上に切り抜いた円形の部分を折り曲げて、切り妻状に被せた。

県立の運動公園内に建つ。陸上補助トラック側からの全景。正面にメインフロア、左の建物にサブフロアが入る。

「静岡県草薙総合運動場体育館」。バスケットボールコートが4面入るメインフロア。256本の天竜スギの集成材が楕円状に並び、約2,300トンの鉄骨トラスの上屋を支える。天井にも天竜スギの木製ルーバーを設置した。

建て方風景。RCの2階柱頭に免震装置、その上にRCの水平リングを設け、ポストテンションをかけている。鋼製ブレースを取り付けた集成材を一本ずつ吊り込んで、最後にベントでジャッキアップしていた鉄骨屋根をジャッキダウンし、ブレースを締めて固定させた。

三〇〇〇人が一堂に会する

九州大学は、キャンパス移転と創立百周年記念事業を進めており、文字通りその目玉としてこの建物（九州大学椎木講堂）が位置づけられていた。寄付者の夢と九州大学の理想が重なり合ったまたとない名誉な仕事である。

寄付者からのご要望は明解なものだった。「全学的な式典で、学生が一堂に会する場を作ること。」「全国どこにもない施設であること。」「日常的に多くの人に使ってもらえる施設であること。」という三つであった。単純なことほどハードルが高い。

伊都キャンパスの入口に位置する造成地の山裾が決められた場所だ。岩盤が露出するほど固い地盤なので、極端な造成を減らしてこの地形に嵌め込むように建てることをまず第一に考えた。

この講堂は三〇〇〇人を収容するわけだが、二階席のない形式にしたかった。「一堂に会する」、すなわち式典で三〇〇〇人がひとつの空間体験を共有することを目指した。しかし、聴衆と演壇の距離が遠くなっては意味がない。三五mぐらいまでが聴衆が演壇との一体感を感じることとの出来る限界だ。すり鉢状の円形劇場タイプを検討し、この人数を演壇から三五m程度に納めることができた。さらに、講堂の手前に本部棟を配置し、講堂との間に半外部の巨大なアトリウムを設けた。空間は式典の時のご父兄たちの待機スペースとなる。規模も形も「全国どこにもない施設」となった。

三〇〇〇人収容の講堂は、格納されている間仕切りで仕切ることで、一〇〇〇人収容のホールと五つの階段教室に様変わりする。式典や学会などの大規模利用のない時は、日常的に使い勝手のよい施設になる。「多くの人に使ってもらいたい」というご要望に応えたものである。

歴史的建造物であり旧キャンパスのシンボルでもあった旧工学部本部棟の外壁タイルと同じものを製作し、大学の長い歴史を引き継ぐ気持ちを込めて外壁の仕上げとした。これからこの講堂は、毎春式典を重ね、百年、数百年の悠久の時間を渡っていくだろう。このような建物の設計に携わる機会を与えていただいたことをとても誇りに思っている。

まちづくりの道具（周南市立徳山駅前図書館）

時間の翻訳

写真に残る昭和二〇年五月の徳山大空襲の風景は惨いもので、ほとんどが焼け野原である。海軍の燃料工廠があったために徹底的に叩かれた。この時、初代の木造駅舎は奇跡的に焼け残った。いち早く戦災復興で駅を中心とした土地区画整理事業が行われ、先進的な街並み整備事業として注目された。

焼け残った木造の旧駅舎は、「民衆駅」として一九六八年にＲＣ造で建て替えられた。当初は駅舎と商業が混在するスタートだったが、時を経て市民利用のコミュニティ施設として使われてきた。しかし、中心市街地は厳しい状況にあった。郊外型商業の出現で、駅周辺の商業は仮死状態だった。駅ビルと駅前広場のプロポーザルコンペがあり、篠原修、小野寺康、南雲勝志らと共に応募して、この街に具体的に関わるようになった。

初代の木造駅舎、戦後のＲＣ造駅ビル、戦前から戦後に至る歴史的経緯を踏まえた上での鉄骨造の今回の駅ビルの提案である。内容として何を盛り込むかは手探りの状態が続いていたので、どのような機能が入っても長い歳月使えるような「まちづくりのための道具」をつくるような気持ちで設計に臨んだ。

建物の全体的な骨格が決まった頃、CCC（カルチュア・コンビニエンス・クラブ）が図書館運営と建物全体の運営に関わることになった。CCCには、周南バージョンを創出してほしい、というお願いをした。この建物の在り方や特徴をよく理解してくれて、立ち上がりの運営は申し分ない。今後広場の完成に向けて、二階テラスや庇下の利用など、まちづくりにつながるようなよりダイナミックな展開に期待したい。

場所の翻訳

線路を後ろに背負った細長い敷地だった。駅前広場側が北側になる。普通に建てれば影になる巨大な壁面になる。しかし良い点もある。直遮光が入らないので、思い切り開放的な造り方ができる。そこにテラスを設ければ、日陰で使いやすい場所ができる。これがこの場所に対する提案だった。街に大きく開いた三層のフラットを作る。天井は地元スギ材八万枚の板張りとした。夕暮れ時になると街から長大な木の天井が見えてくる。

長大なテラスは、幅五m　長さ一二〇m、街の新たなシンボルとなる。テラスの先端は旧建物のキャノピーの先端部分と同じにして、旧建物に親しんだ市民に対する隠れたメッセージとした。六mのキャンティレバーの二階テラスは、一階では巨大な庇となる。二〇一九年に駅前広場が完成すれば、ここで様々な活動が展開されるはずだ。

技術の翻訳

線路際だったので、鉄道に対する配慮が必要だった。旧建物には地下部分があり、これを取り除くと線路に支障が出る可能性があるので、擁壁として地下の躯体を残し、これを貫通して杭を打った。こうした地盤条件から、ある程度軽量化できる鉄骨造を選択した。上部構造の構成はいたって単純である。できるだけ開放的な空間を得るために柱梁のラーメン構造とした。

周南の夏は日差しが強くて暑い。線路側は南側になるので、標準的なALC版を主材とし、鉄道からの遮音性能を得るとともに、断熱性能を重視した。一方で、北側壁面となる駅前広場側はすべてガラスで解放し、街から中の活動が一望できるようにした。

「九州大学椎木講堂」。3000席のホール。ホール上段は、可動間仕切り壁を降ろして5つの階段教室に分割、通路を介してホール下段は1000人のホールとして利用することが可能。

外形は直径100mの正円で、平面の東半分がホール、西半分がガレリアという構成。半屋外のガレリアは巨大なオープンスペースで、各種イベント会場としても利用される。外周部は、大学の事務管理部門が入る管理棟。

「周南市立徳山駅前図書館（周南市徳山駅前賑わい交流施設）」。JR徳山駅の北口広場に面して建つ。開口を全面に開放し、人の賑わいが伝わる「街のリビング」を目指した。（写真　吉田誠）

JR徳山駅の橋上駅舎の自由通路と一体的に整備された。広いテラスのある2階と駅からの通路が直結し、駅前広場に接続する。テラスはイベントなどにも使えるスペースになっている。（写真　吉田誠）

II

住宅の本質は、奥深く人の存在や尊厳に向き合っている。

建築を目指して勇んで大学や専門学校に入って来る若者に最初に出される製図の課題のほとんどが住宅です。身近に知っていて扱いやすいからでしょう。教える方も、若い教員ならたいてい住宅くらいは手掛けているから教えやすいのだと思います。こういうことが教育で定着しているから、建築を目指す多くの若者は、住宅というのが建築という大きな領域の入門篇だと考えるようになるのもやむを得ません。学生はやがて四苦八苦して美術館や集合住宅や都市計画などの課題をこなして卒業していきます。

そして設計事務所などで武者修行をし、やがては独立して自分の事務所を持つようになります。最初からおおきな公共の建物などの注文が来るわけはないから、多くは知り合いの住宅の設計から始めることになります。次元は違いますが、ここでも住宅は建築家として自立するための入門編になります。

建て主のわがままも丁寧に聞かねばならない、ほとんどの場合はコストも厳しい、工務店も力がない、細かなことでもメンテナンスに対応しなければならない。真面目に向き合えば向き合うほど経営的には赤字になっていきます。住宅というのは、かなり手間の掛かるテリトリーなのです。次第に、いつかは住宅の設計をしないでもメシが食えるようになりたい、と考えるようになっていきます。

幸運にも少し風変わりな住宅が出来ると雑誌に取り上げられ、その実績を何年か積むと、運のいい建築家は少し大きな建物を設計する機会を得るようになって、やがて事務所は忙しくなってゆきます。そうなると、住宅の設計は敬遠されていくのが常です。

多くの建築家たちが考える建築というテリトリーの中での住宅の位置づけは、おおよそこんなところでしょう。でも、これは大きな誤りです。住宅は入門編どころか、建築という領域の最難関としていつも立ちはだかっているのです。住宅こそは建築の目標である、と言ってもいいと思います。

それは歴史を見れば明らかです。この数世紀、時代を変えてきたのは大きな建物ではなくて住宅です。コルビュジエのサボア邸、ミースのファンズワース邸、ケーススタディハウス、ライトの住宅、カーンの住宅、数え上げればきりがありません。そしてなにより、わたしが一番好きな建築のひとつ、アアルトのマイレア邸があります。あれは住宅でありながら最高の建築です。

住宅はけっして扱いやすい入門編なんかではありません。それは人間そのものの尊厳やわれわれが文化と呼んでいるものの深層に、抜き差しならないかたちで触れることのできる神聖な領域なのです。

住宅のあと味

小津安二郎は「映画ってのは、あと味の勝負だ」と語った。小津の映画がもたらす「あと味」は、作品全体の通奏低音であり、いつまでも脳裏から去らない。それはかすかで微妙な響きだが、深く心の中に残る。住宅に「あと味」というものがあるとしたら、それはどのようなものなのだろう。

住宅は難しい。あらゆる建築のジャンルのなかで、これほど入りやすく、これほど奥が深いものもない。四〇年ほど前、当時八八歳の村野藤吾の「一度でいいからちゃんと住宅をやってみたいんだが。」というため息まじりの言葉に驚いたことがある。あらゆる建物を設計し尽くした村野でさえ、住宅は究極の目標だった。

頼んでくれる人がいて、なおかつ気が合えば、住宅の仕事はできるだけ引き受けるようにしている。今でも常時一軒か二軒は住宅の設計が動いている。住宅は、一日中そこで過ごす人、三六五日そこで過ごす人、場合によっては数十年そこで暮らす人、そういう人がいることを前提に設計しなければならない。なおかつ、あらゆるディテールが目の届く二〜三mの所にある。そして多くの場合、予算も含めて制約事項が多い。

こんな難しい話はない。だから、試練の場、鍛錬の場として住宅の仕事は欠かせない。住宅というジャンルは、人という存在、暮らすということの本質、それらを見つめる建築の基本であり根幹であると思っている。これまでやってきた実感だが、住宅の本質は奥深く人の存在や尊厳に向き合っている。

さまざまな意匠

過去を切り離して別の夢を見たい、別の人格になりたい、別の存在になりたい、それも人間の自然な欲求だろう。住宅を新築するに際して、多くの場合、建て主が求めるのは、こうした「未来への夢」だ。新しい洋服を買うとき、新しい家具を買うとき、家電製品を買うとき、人は今までとは異なる存在になりたいのだ。住宅だって同じだ。

その場合、切り離すのだから「過去」を見る必要はない。雑誌の誌面を賑わしているのは、そうした切り離し型が多い。切り離し、逸脱し、逃走する。この逃走に手を貸すのが建築家ということになる。その場合、留まってはいけない。ためらってもいけない。現実をまじまじと眺めたりする時間を作ってはならない。目の前の現実やどろどろした過去から飛躍する跳躍力だけが求められる。その姿は、人の青春のように未来だけを見つめている。その有り様は初々しく清々しい。

雑誌を見ると、若い世代がどんどん住宅を発表している。種が尽きない。それはそれで素晴らしいことだと思う。分かりやすさ、写真映えのする空間の鮮やかさ、才気煥発の住宅が居並ぶ。不思議な平面、意外性のある素材の使い方、新しい工法など、アイデアが豊富で、誌面としても面白い。歳をとったせいか、わたしにはとても出来ない、と思うことも多い。

三六年前の自分

果たして、かつての自分はどうだったのだろう、と反芻してみる機会を得た。三六年前に設計した自分の住まいを今の生活に合わせるべく大幅に改装しつつある。

怖いもの知らずの三〇歳過ぎ、まだ独立したての駆け出しの頃に手掛けた坪単価四〇万を切るローコストの極みのような住宅だ。陽当たりはよいが、断熱など無いに等しい。極限ともいえる低予算で建てたにしては、よく四〇年近くも暮らしを支えてきたものだ。その「あと味」と向き合っている。

まだ若かった。しかし、設計は未熟だが今より遙かに意欲はあった。改修に取り組んでみてあらためて思う。自分で言うのも妙なものだが、とりわけディテールの詰め方は挑戦的だ。コンクリートに直に仕込んだ建具枠の収まりなど、今はあそこまで踏み込めない。意欲だけが先走った三六年前の自分と向き合っているわけだが、それもいろいろと発見があって面白い。

その頃を思い出してみる。たしかに作品的な作品を作ろうとはしていなかった。RC造にして、それまでの暮らしを一掃しようとしていた。木造を前提にしていたのにRCなのだから予算が足りない。コストの切り詰めにこだわり、モノのぎりぎりの在り方にこだわり、工法にこだわり、その切り詰め方が個性になる、と信じていたのだと思う。その分、暮らしやすさは犠牲になっていた。最低限の住環境を物理的にどう成り立たせるかにほとんどの神経を使っていた。

設計当時は、祖母、父と母、弟、それにわれわれ夫婦と二人の子供、といった四世代の家族構成だった。近い将来、生活様式はどんどん変わっていくはずで、それを受け止める土台を作ったつもりだったが、それはポストモダニズム全盛のその当時の作品性からはかけ離れたものだった。あれから三六年、時代は変わり、そしてこの家の住人も変わり、今はわれわれ夫婦と娘一人、二世代三人の住まいとなった。

改装するためには過去を大幅に整理しなければならない。すなわち遺品を整理しなければならなくなる。祖母や父母が残した膨大な数の写真、手紙、日用品、小物、衣服、本、家具など、もう五年も整理を続けている。

やってみて初めて分かったのだが、それは過去から溢れ出てくる洪水のような記憶と情報の奔流である。悲しみや懐かしさといった悼みのことを言っているのではない。人というのは、さまざまな矛盾の集合体であり、無数の綾が織りなされて存在していて、それが結論など出ないまま、整理などつかないまま去っていく。その不条理極まりない人の性を言いたいのだ。

住宅はその不条理劇の背景である。そして、その暮らしが大きく変わる時、その背景は想像を越えておおきなものとして存在を露わにする。その背景には確かに「あと味」がある。

過去をせき止める

最近ときたま考える。本当は、圧倒的な量塊を持つ過去に押しつぶされないために住宅は在るのではないか、と。まじまじと見れば、過去は圧倒的だ。普段は考えないだけで、あるいは思考の外に追いやっているだけで、だれにとっても、どんな家でも、過去は圧倒的な量塊を持っている。

けれど、それをまともに受け止めていては、今を生きられない。建て主はもちろん、建築家もそんなものを受け止めていては設計はやっていられない。ある程度の効率の中で処理をしていく。それが経済社会の暗黙の了解事項だからだ。だから限られた時間のなかで、過去を切り離し、与えられた条件のなかでかなり無理をして形を与えようとする。

しかし、どんなに切り離しても、どんなに未来を希求しても、過去はやがて奔流のように押し寄せてくる。住宅は、いずれそれを受け止め、それに耐えるだけの器であるべきだろう。

「未来への夢」は美しく儚い。しかし、どのようなものであれ描かれる未来は無味無臭だ。茶碗や道具が使われながらそれなりの味を身に付けていくように、「住宅の味」も人の暮らしによって自然に備わるものだ。うまくいけば、それはやがて「過去を受け止めるに足る器」として成熟していくだろう。うまくいくようにできるかどうか、遠い未来に豊かな「あと味」を生み出す素質や素養を持っているかどうか、新しい住宅にはそれが問われる。

弱い力とあと味

三年に一度、フィンランドでアルヴァ・アアルトシンポジウムという催しがある。そこで講演を頼まれたことがある。催しの打ち上げがなんとマイレア邸で、昼から夕刻まで夢のような時間を過ごした。夕暮れ時、そのパーティでの評論家のウィリアム・カーチスのスピーチが、いつまでも記憶の片隅に残っている。

「建築は弱い。建築が人に与えるメッセージは、絵画や彫刻や音楽が人に与えるものと比べると、きわめて弱い。ただし、それは持続的で、たえまなく、それも長い時間、人にささやき続ける。

そして、それは結果としてとても大きなものなのだ。」

マイレア邸を念頭に語った言葉だと思う。

カーチスの言う「弱い力」は、冒頭で述べた小津の言う「あと味」と通じるところがある。もしそれが心地よければ、かすかに響く「弱い力」は脳裏に残り、やがては空間の「あと味」になっていくだろう。ささやき続ける「弱い力」が、過去と未来を調停し、和解させ、いずれやってくる過去からの奔流を受け止め、少しずつ絶妙な「あと味」へと変換していく。理想だが、そんな暮らしの風景を住宅という舞台につくり出せたら素晴らしいと思っている。

桜と木蓮

改築後の二階の書斎の目の前に木蓮の伸びやかな枝振りが間近に見える。二mほどの距離だろうか。春になると白い華麗な花が咲き、やがて碧々と幅広の葉が茂り、秋には葉が落ちるが、わたしはその後の冬の姿が好きだ。春の開花に備えるために、羽毛のような毛に包まれた二cmほどの小さなつぼみが無数に残る。天気がよければ、寒々とした景色の中でこの芽が真珠のように陽光に輝く。巡りくる季節、来るべき春、生々流転、さまざまなことを想起させてくれる。思えばこの樹を植えたのは一九九五年の第一回目の改築のときだった。今や二階の軒を越えるほどの立派な樹だが、植えた当時は三mほどの高さだった。あれから二三年、さまざまなことがあった。

少し距離を置いて見事な枝振りの桜の木がある。たくましい木だ。この家を建てた時に植えた木だからこちらは三五年になる。これも当初は高さは四mほどだったと記憶している。新築した当初、住居の遷り変わりを動かぬ一点から眺める焦点が欲しい、ということで、墓をつくりたい、と無謀なことを言った。当然、それは法令上不可能なことなのだが、その場所に桜が植わっている。桜の足下には、人の代わりにこの家で共に暮らした動物たちが眠っている。春が見頃なのは言うまでもないが、夏の緑陰がありがたい。

書斎から見える景色の中で、桜と木蓮は程よく釣り合っている。古来から語られてきたように桜が死の象徴だとしたら、わたしの目には木蓮は蘇生や再生の象徴のように見える。

住宅は変化する生活を支える器だと思っている。以前、住宅は駅のプラットフォームのようなもので、そこに様々な列車が留り出て行く、と書いたことがある。そこに発着するのが、人の暮らしであり人の生き死にではないか、というイメージを持っている。桜と木蓮からしたら、このプラットフォームの発着はたいそう騒々しく見えることだろう。

毎月届く建築雑誌では住宅が次々と発表される。それらの多くは、これから訪れる時間の推移に身構えているように見える。まるで新婚の記念写真のように初々しくて微笑ましい。一方で、それは空間のバリエーションの提案であって、住宅ではそこで過ごされる「時間」こそが主要なテーマではないか、とも思う。

この住居は三五年の歳月をなんとかやり過ごして現在に至っている。だから少しは「時間」という問いかけに答える資格はあるだろう。初々しく微笑ましい瞬間から三五年、設計した自宅の変化をこの機会に簡潔に書き留めておこうと思う。しかし、これとて一変化のプロセスでしかない。

［新築］

この住居が出来たのが一九八四年。独立して事務所をつくったのが一九八一年だから、まだ作品のない駆け出しの頃だった。一九五五年にこの敷地に引っ越してきて三〇年近く住んだ木造平屋を建て直してこの住居はできた。

当時のこの住居の定員、祖母、父、母、弟、わたしたち夫婦、子供ふたりの八人四世代の住居だった。別の場所に住まうか一緒に住むか、核家族か大家族か、悩んだ末に決めた結論だった。渡欧先から帰国して師事した菊竹清訓のスカイハウスは、戦後の核家族を高らかに謳った記念碑的な作品だ。ならば違う道を探してみよう、という意欲もあった。妻も賛成してくれて現代に於ける大家族の住居を試みることになった。

とはいえ、父母も含めてさしたる蓄えがあるわけでもない。住宅金融公庫で借りられる範囲を大きく越えることはできない。当初、コストから木造でしか不可能だと考え、暇暇で三〇案近く考えた。父母からの諸々の要望を加味しながら、なかなか決定的な案には至らなかった。ならばRC造でどこまでコストダウンできるか、に挑戦することにした。

RCの躯体費を坪単価一四万円くらいの極限まで絞り、RC打設後は床を仕上げ、あとは建具を入れるくらいで完成形にたどり着ければ、坪単価三五万円前後でできることが分かった。これなら木造単価に近づく。この頃は金の計算ばかりをやっていた。そうやってなんとかこの建物を完成させることができた。あとは住みながら変化に身を任せる、そんなつくり方だった。

この時、桜を植えた。

これといって特徴のある形をしているわけでもない住居だから、プランタイプとしては廊下のない異様な構成ではあるが、世の中からは理解されなかった。雑誌には掲載されたものの建築家のデビュー作としては地味な扱いだった。

途中部分的に手を入れたが、大きな改築は二度行っている。この住居の構成員の変化が主な動機で、そのおおまかな推移は以下の通りである。

・一九八四年　新築
八人の住居　祖母　父　母　弟　夫婦　長女　次女
・一九九五年　一回目の改築
六人の住居　父　母　夫婦　長女　次女
五人の住居　父　母　夫婦　長女
四人の住居　母　夫婦　長女
三人の住居　夫婦　長女
・二〇一七年　二回目の改築
三人の住居　夫婦　次女

［一回目の改築］

一九九五年の改築は、祖母が亡くなり弟が商社勤めになって家を出たので、六人で住まうための改築だった。わたしは、三〇代の半ば、過酷な仕事と出張のため過労気味で、鎌倉から東京の仕事場に通うのが負担になったため、平日は東京で仕事中心に過ごすようになっていた。つまり、この改築の一〇年前からこの家の住人としては半人前、〇・五人の定員になっていた。

子供も次第に大きくなっていったが、一方で父も母も六〇代後半だったがまだ活動的だった。特に航空エンジニアだった父が定年退職後に人力ヘリコプターの研究を自宅で始めたので、専有面積は増えるばかりだった。このとき初めて父からこの住宅を褒められた。吹き抜けも使い道がある、と。吹き抜けを分解されたヘリコプターの翼が埋め尽くした時もあった。したがって、わわれわれの生活を隣に増殖するわけにもいかず、多少なりともわれわれのテリトリーを改善する目的で改築をした。

エントランスを増築し、浴室と一体だったトイレを独立させ、屋上にテラスを設けた。かねてより問題だった物干場を、駐車場を建築化してその上に設けた。吹き抜け上部とキッチンの上のトップライトは冬場のコールドドラフトがきつかったので、内側にポリカーボネイトの複層材を設置した。

この時、木蓮を植えた。

［二回目の改築］

今度の改築は、大きな変化の後だった。次女が家を出、父が亡くなり、その後を追うように母が亡くなり、ほぼ同じ時期に妻が大病を患った。父と母が暮らしていた隣の大きな領域は無人となった。長女が出るのと入れ替わりに次女が戻ってきたが、ガランとした隣の空間をそのままにしておくわけにはいかない。暮らしを新しく立て直すために、妻の病が少し改善したのを機に、大きな改築をすることにした。

予想外だったのは、母が使っていたピアノ室の床が腐っていて、床をかなりやり替えたことだった。これに手間がかかった。浴室を含めて設備機器も長い年月そのままだったので一新した。一番大きな変化は、三〇年間二世帯を分けていた中央の本棚の下部を取り除き、そこを大きな建具に付け替えて一階を一体的につなげて使えるようにしたことだった。

寝室を除いて冷房のない暮らしをしていた。夏は暖気をトップライトの横から抜いて、パッシブな空気の流れでなんとか凌いできた。しかし、さすがに寄る年波には勝てない。リビングにも冷暖房を設置した。また、トップライトも建てた時のままだったので、熱線吸収ガラスに替えた。これによって夏場の環境はかなり改善された。このトップライトだが、以前は至極シンプルな納まりのものだったが、三五年ものあいだメンテナンスフリーで結露も雨漏りもなかった。断熱性能は無いに等しいが、納まりは単純な方が良い。

若い時に旅をして強烈な印象を持っていたアフガニスタンの文物を手近に置いている。原点を忘れない気持ちからだ。家具はほとんどのものが旧宅のままだが、新しい居間のカーペットだけは、同じアフガンカーペットを手に入れて敷いた。壁には数年前に偶然骨董屋で手に入れたこの上なく美しいガンダーラの頭彫を守り神のように掛けてある。

新しい居間の中心には大きなローテーブルがほしかったが適当なものが無かったので、事務所の会議室で使っていたフリッツハンセンの天板をそのまま台の上に置いて使っている。この白いテーブルが、やや落ち着き過ぎた空間に明るい印象をもたらしてくれている。

改築後の空間は、やけに広い。この空間の広さが暮らしの間尺に合うには数年が必要だろう。そして、間尺に合う頃には、またこの住居にも予想外の新たな変化が生じているに違いない。暮らしの変化は留まる所を知らない。常に変化し続ける。それでよいのだ。それでも三五年前に打設したRCの壁と床は、この変化を受け止めてくれるものと思う。そして、その推移を桜と木蓮は静かに見つめ続けているはずだ。

「住居No.1 共生住居」外観。大きな改装を3度しているが、外観はほとんど変わっていない。

2階庭側の書斎のスケッチ。窓の外には、手前に木蓮、その奥に桜を描いている。

旧親世帯側のリビングと吹き抜け。

階段奥の部屋は、旧親世帯のピアノ室をリビングダイニングに改装し、旧子世帯で使用していた自身で設計したテーブルと椅子を置いた。ダイニングキッチンとリビングダイニングの建具は、ナラ無垢材のガラス框戸に変更。

旧子世帯側のリビングから、旧親世帯側のリビングを見る。2017年の改装で、世帯を仕切っていたラワン材の飾り棚の1階部分を取り除き、ナラ無垢材の引き違い戸にして1住居とした。

1995年頃の子世帯のリビング。

家のディテール

ディテールの話に入る前に、まず、住宅について考えてみると、今まで僕たちが住宅と常にペアで考えてきた、「家族」という概念がもはや限界にきているのではないかと思っています。明治憲法ができた時、確かに家族はありました。つまり、家父長制度があって、家父長は財産処分権や婚姻許諾権をもっていて、それを中心に家と家族という制度が成り立っていました。でも、戦後マッカーサーはそれを壊さないと日本の新しい社会はできないと考えて、新憲法ではその項目を抜いた。その段階で家父長のもとにあった家族はなくなったんです。だから極端なことをいうと、戦後大量供給された住宅は、あたかも家族という実態があるかのごとく無理矢理商品を仕立て上げて提供してきたと言うこともできる。それが今の住宅の根底に流れている本質的な問題なんですね。

でも多様な時代の変化の中で、ぼちぼちそれが対応できなくなってきている。住宅と家族はずっとペアの概念だとみんなが思い込んできたけれど、そうじゃないかもしれないと考えてもよい時期にきているのではないでしょうか。ひょっとしたら友達同士や近隣の人と一緒に住むかもしれないし、一人かもしれない。さまざまな住む形式をもつのが住宅なんだという大前提から考えることが必要だと思います。

このことをディテールから読み取れるのが宮脇檀さんの住宅です。以前「ギャラリー・間」で宮脇さんの展覧会が行われた時、実行委員を一緒にやった中村好文さんと宮脇さんの住宅をいくつか見に行ったんです。

その時、宮脇さんという人は、住宅に対して幻想をほとんど抱いていなかった人だということに気が付きました。つまり、彼にとっては、ダイニングしか意味がないと住宅が語っていたんです。ダイニングでテーブルを囲んでいるととても居心地がよいのに、リビングに移ると居心地が悪かった。ダイニングとキッチンは食べるという明解な機能があって、きわめて身体的かつ原始的な場所です。リビングはきわめてアブストラクト。山本理顕さん的にいうと、家族の結合域です。でもそれはもうなくなっているのだと宮脇さんは直感的に分かっていて、彼の興味はリビングにはなかったと思うんです。

だからディテールは、ダイニングのところだけ異常に密度が高くなっていて、そこに実態を失いつつある住宅におけるディテールのあり方の答えを見る思いがしました。

建築を語るディテール

人が歩いている時と比べて、止まって座っている時に受け取る情報量は四倍だといわれています。たとえば美術館ならディテールは遠くにあってかつ動いている状態の中で二時間程度やり過ごせばいいけれど、住宅の場合は、リビングやダイニングに座って、二〜三m以内に常に見えてきます。距離が近くて、なおかつたくさんの情報が目に入ってくる空間だから、設計の難易度は高いんです。

三〇年以上前のことですが、村野藤吾さんのご自宅にうかがったことがあります。八〇歳を越えていたと思うんですが、一度ちゃんと住宅を設計してみたいとおっしゃられたのを憶えています。それぐらい住宅の設計は難しいんです。

ディテールについては、誰しも考えることかもしれませんが、僕も、情報をできるだけ整理して、空間を洗練させていきたいと考えます。でも、住宅の性能のことを考えると、そううまくは整理しきれない。いつも矛盾ばかり生じてしまう。

たとえばディテールがよく現れる開口部は、光が入ってくるところだから、できるだけディテールを削りたい。でも、風も通したいし、日本だったら網戸もいるし、本当は網戸は一枚にしたいけど、しばらくするとよれてくるから、中桟を入れざるを得ない。といった葛藤が多々生まれます。その葛藤の中でどちらを選ぶか、大事なものをきちんと選び取って、そこにちゃんと建築家の意志があることが大切です。それがなければ、ディテールは決まっていかないのだと思います。

ディテールは、虚と実がせめぎあう場所なんです。実というのは、鉄や木材といった素材のことで、ディテールにおけるリアルな実態です。フィジカルな世界。対して、建築というのは本質的にメタフィジカルな概念です。だから、フィジカルなものとメタフィジカルなものがせめぎ合うのが、ディテールということができるはずです。実態としての建物と概念としての建築のつばぜり合いが起こるのがディテール。これをどのように扱うかによって、空間全体が左右されます。

だから極端にいうと、開口部を見るだけで、その建築家が何を考えているのか、その空間が分かる。そんな気がしています。

あともうひとつ、僕は音にこだわります。音に無配慮な空間というのは、居心地が悪い。だからビジュアルイフェクトを犠牲にしても、吸音材を使ったりします。音に関しては結構こだわります。特に音に関して天井には気を使います。プラスターボードを使ってVPを塗装するようなことはあまりしません。天井を反射系の材料にする場合は床をカーペットにしたり、壁をクロスにしたり。本当はもう少しパキッとつくりたいと思うんですが……そうしないのはそれなりの理由があるからです。ディテール図面をよく見てもらうと、そこに一番僕の意図が表現されているかもしれません。

ディテールに求められる概念

今の住宅には、フラジャリティとリダンダンシーが必要だと思います。フラジャリティとは、人間という生態系に併せて機械や住宅がどこまで弱くなれるかということ。リダンダンシーは9・11以降モダニズムが抱えた本質的な問題で、冗長性。何があっても、完全にはだめにならない場となり得るか。これらのことは都市構造においても、もちろん住宅という場所や、ひいてはその微細な構成要素であるディテールを考える上でも、大切なことのはずです。もうひとつ最近意識しているのは、パティーナ。日本語で平たくいうと愛着です。要するに、あれは私の家、私の住んでいる場所といえるかどうか。住宅の設計には、最終的にその要素がなければいけないと思っています。ディテールから、住宅、都市、つまり住むことと空間との相互関係をあらためて考え直してみる時期にきているのではないでしょうか。

時の落としもの

ここ一〇年あまり、時たま道に落ちているものを拾ったり、建設現場の廃材をもらったりする。もともとは親しくおつきあいさせていただいていた写真家の石元泰博さんの作品に啓発されたところがあった。

写真集『シカゴ、シカゴ』、『桂離宮』や『伊勢神宮』などの写真で高名な石元さんは、戦後の写真界の立役者の一人だ。幾度かわたしの設計した建物を撮影していただく機会があり、石元さんの写真の世界に引き込まれていった。一切の妥協を許さず、正確無比で厳格な人柄は作品にもそのまま現れていた。

その石元さんが、晩年、吹っ切れたように詩情溢れる写真を撮るようになっていく。光が反映する水面の揺らぎ、雪が降ったあとの人の足跡など、どれも都会の暮らしの身近に在って、見過ごしてしまうような自然のささやかな囁きのようなもの、淡くはかないそれを写真の画面に掬いとろうとする一連の作品だった。

そのなかに、雨に濡れたアスファルトの舗装を地に、つぶされた空き缶を撮った作品がある。たぶん、心ない誰かが投げ捨て、それが転がって路上で自動車のタイヤに幾度も踏みつぶされた果ての姿だ。人の悲しみ、哀れさ、滑稽さ、文明の脆さ、危うさ、そんなものが画像から迫ってくる。救いなのは、その写真が美しいことである。美しいことによって、人の馬鹿げた生き様を許し、まるごと愛する、そんな微笑んでいるような眼差しが見えてくる。なにげなく打ち捨てられたものに目を向けてみよう、そんな気持ちになったのは、石元さんのあの写真がきっかけだったと思う。

しかし、それまでの自分にもそうしたものへのこだわりがなかったわけではない。いまでもわたしの部屋の白い壁に掛けてある二〇㎝ほどの錆びた針金は、二〇年ほど前、モンゴルのゴビ砂漠でなにげなく拾ったものだ。何もない砂漠のど真ん中に落ちていた、くねくねと曲がった針金。誰かが何かのために使い、不要になったから捨てたのだろう。誰からも見捨てられた針金。だがそれだけに気になる。

わたしの仕事は建築家だ。設計図を描き、建物を建てている現場に通う。いつも現場にはモノが溢れている。ごくたまに、比較的ゆとりのあるときに、それらの中に美しさやユーモアを見いだすことがある。これはこの職業の役得ということかもしれない。例えば、骨組だけ建ち上がった現場に、落下防止のネットが張られることがある。そのネットをフックに引っかけるのだが、そのフックがミロのオブジェのように可愛らしい。ユーモラスな人型に見える。

数年前、銀座の松屋である企画が持ち上がった。松屋は日本デザインコミッティーという集団を持っている。戦後、新しいデザイン運動の拠点として、いまや老舗のデザイン集団として、デザイン界の一角を占めてきた。メンバーは、第一線で活躍するプロダクトデザイナー、グラフィックデザイナー、建築家だ。何故かわたしもそのメンバーのひとりに加えてもらっている。

そのコミッティーが、メンバーの一人一人が小さな店を出し、そこにモノを並べて売る、という お祭り企画を立ち上げた。何を出そうか迷った。迷った末に、現場に落ちているもので、自分が良いと思うものを拾い集めてきて売ることにした。名付けて「廣金物店」。拾ってきたものに、それを採取した場所を記し、それだけでは寂しいので、わたしが命名してタイトルを付けた。これがよく売れた。

鉄筋を縛る細い針金の数十本の束。きれいな錆が絡み合って、それも微妙なリズムを奏でているように見えた。まるで作曲家の毛髪のようにも見えたので、これには「酔っぱらったサティ」と名付けた。一〇cm角の厚い鉄の板、たぶん現場の水たまりみたいなところに立て掛けられてあったのだろう。一辺が鮮やかで明るい錆色で、それが次第に薄くなっていく。その様が夜明けの空のようにも見えた。奥行きがあり重層的な厚みを感じさせる。これには「夜明けのブラームス」と銘打った。そんな具合に遊んでみたのだが、これがとても楽しかった。

この企画以降、わたしの現場往きには一つの楽しみが加わった。現場のゴミ箱を隙を見つけては漁るのである。はじめは建設会社の現場所長からは嫌な顔をされた。清掃が行き届いていないことを暗に揶揄しているように見えたに違いない。職人からは不思議な目線が飛んできた。わたしの事務所の所員からは、そんなみっともないことは頼むからやめてほしい、と懇願されもした。でも、やめない。こんな楽しいことをやめる理由はない。現場は宝の山なのだ。釘からベニヤ板に至るまで、ひとつひとつのモノたちが何かを訴えている。

そして、かけがえのない饒舌な素材と出会うことになる。わたしだけの発見である。

大工さんが木材を切るとき、板を切るとき、最近では電動ノコギリを使う。その時、ベニヤ板の作業台の上にスタイロフォームという断熱材を敷いて、その上で作業をする。ノコギリの歯が作業台を切らないだけの厚さのものを使う。作業が進むと、ノコギリの跡がいく筋にも付いていく。作業が進めば進むほど線の数は増えていき、やがて作業性が悪くなると捨てられる。ある現場で、その捨てられる直前のスタイロフォームに目がとまった。出会ってしまったのである。

　ひとつひとつの線に個性がある。その時の気分が映っている。その無数の線の向こうに、職人の手がある。うまい奴もいる。いいかげんな奴もいる。生真面目な奴もいる。いろいろな手が無意識の痕跡を描いている。それをもらってきた。しばらく眺めた果てに、それに色を塗ってみることにした。石元さんのように写真に焼き付けることは出来ない。それに代わる何かが必要だ。つまりモノとの交信である。こちらが何かを仕掛けてモノと語り合うのだ。

　ボロボロのスタイロフォームに何色を塗ったらよいのか。初めに思いついたのは群青色。金沢の書院で群青色の真っ青の左官壁を見たことがある。あの感じは悪くない。イブ・クラインのようでもある。ところが群青を買いに画材屋に行ってみると、日本画で使う本物の群青はとんでもなく高価なものであることが分かった。とても気まぐれでやる作業に使える材料ではない。そこで群青によく似たウルトラマリンブルーのアクリルペイントを使うことにした。

　何点か作品を造り上げたのだが、青でない方がよいこともあることに気がついた。そして今度は赤を塗り始めた。赤い鉄錆の色を塗ってみたくなったのだ。こちらは蕭条《しょうじょう》緋《ひ》というペイントを使った。いまでは気分次第、その時の気分で、向き合う板の表情やサイズによって色を決めている。

　最初に塗ってみた時のことは今でも覚えている。筆を入れた瞬間から、すべてが変わる。ただの現場に落ちていたスタイロフォームの板が、まったく違った意味を持ち始める。一㎜ほどの溝になかなか塗料が入っていかない。溝の深さは千差万別、ひとつひとつの溝に四苦八苦しながら塗料を塗っていく。四五㎝角の板を塗り尽くすのに、わたしに許された夜の時間を使って一週間程度かかる。大きいものなら一月あまりかかる。

事務所から自宅に帰り、夜の一〇時頃からが自分の時間だ。塗り始めると没入する。一切のことが頭から抜け落ちる。あっというまに深夜の三時になっていることも多い。一筆塗るごとに変わっていく様に感動するとともに、線の一本一本に愛着がわいてくる。饒舌で日常的な溝に刻まれた言葉が、神聖なつぶやきに声変わりしていく。それが面白くて、徹夜になることもある。

この色塗りには、なにかを贖う、という気分がいつも付いてくる。現場は無数の職人の手でつくり上げられる。しかし、彼らの多くは、自分の役割の範囲が終われば次の現場に移っていく。名前も残らない。後に残るのは、自分がこだわった成果だけである。彼らは自らの誇りでモノに向き合い、自らの経験の中で得たノウハウを投下する。良い職人であればあるほど、経済行為を越えてエネルギーを注ぎ込む。ある意味でそれはこだわる当人の自己満足とも言えるが、実は良い建物はそうした人たちの自己満足の膨大な集積で出来上がるのである。

これ見よがしの技術をひけらかす建築でない限り、職人たちの技術は、熱心にやればやるほど見えなくなっていく。最後には、まったく見えなくなって、その空間の空気のようなものになっていく。日常風景に溶け込んでしまう。それが宿命なのだ。優れた職人の多くは、そのことをよく分かっている。分かった上で、自らの誇りに掛けて、モノにこだわるのだ。わたしとしては、彼らに対する崇敬の念とともに、彼らの作業の痕跡を残したい、という思いがある。見えなくなり、忘れ去られるのは、あまりにもったいない。

青や赤に塗られた現場の板はオブジェになる。まるで遺跡から掘り出された土片の縄目模様のように、手の痕跡を、人の痕跡を、現場の汗を、その空気を、これまでとはまったく異なる回路で伝えてくれる。

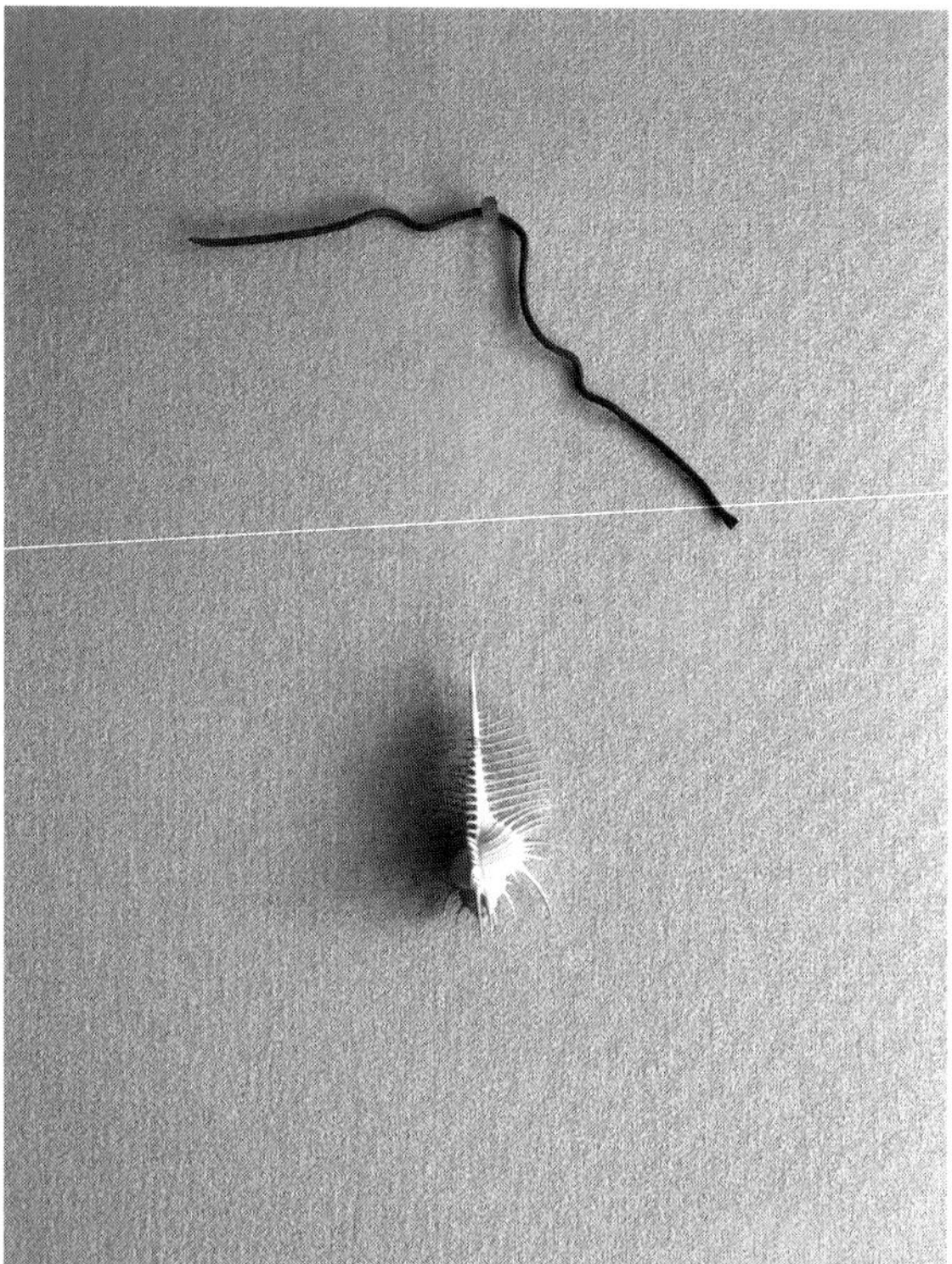

わたしの「名物」。自宅の壁に何気なく掛けてある「ゴビ砂漠で見つけた針金」と「どこかの海で見つけた貝殻」

可愛らしいフォルムのフック

着色されオブジェとなったスタイロフォーム

III

近代的な生活は住まいから闇を追放し、空間への想像力を奪った。

わたしより年長で目上の人のことについて書くのには、慎重にならざるをえません。自分の歳では分からないこともあるはずだからです。多くの先人は、戦前生まれです。戦後生まれのわたしの世代にとっては、頭では分かっていたとしても、その想像の範囲をはるかに越えたリアルな体験を持たれているはずです。

わたしに出来ることは、その背景を可能な限り想像することしかできません。先人たちは次の世代に必死で何かを伝えようとしています。わたしが彼らについて書くとしたら、それを受け止め、さらに次の世代につなげていく義務を負っているのだと思います。それは厳粛で緊張を強いられる作業です。

あまり思考が固くなると、読んでくれる人にもそれを強いることになりますから、できるだけ自分なりの感想を入れながら、わたしならこのように捉える、という書き方をするようにしています。

ここにも一文が載せられていますが、ある企業誌の企画で、時代を画すような影響を与えた著書を取り上げる連載がありました。この時、とりあげる著書の他に、かならず二冊の著書を読むようにしていました。ひとつ読んだだけで著者にお話を伺うのは、礼を失していると思ったからです。

合わせて三冊くらい読むと、相互に言葉がつながりあって、著書の中で言わんとしている像が立体的に見えてきます。大切にしなければならないのは、言われている言葉そのものではなくて、その言葉が発せられる背景を理解することであることを学びました。仕事の隙間で本を読み重ねていくのは過酷な準備作業でしたが、これはかなりのトレーニングになりました。余談ですが、これを機に読書量が格段に増えました。そうすると、言葉の背景にある時代や文化が関連し合って立体的に見えてきます。その背景には、奥行きも、風味も、温もりも、切なさや儚さも漂っています。

おそらく建築も同じことなのです。よい建築はどれも、読み解かれる書物のようにしてわれわれの目の前に提示されています。さあ、わたしのことが分かるかな、わたしの言葉を読み取れるかな、と囁いているのです。そのとき、目の前の存在を理解しようとするだけでは不足で、その形をあらしめる背景を感じ取ろうとすることが大事なのではないかと思っています。

民家は生きてきた

民家は遠くなりつつある。一九六三年に刊行されたこの本のタイトルも、すでに「民家は生きている」でもなく、「…生きていく」でもなく、「…生きてきた」となっている。その場所での暮らしと不可分である民家という存在が、遠ざかりつつあること、その生命がそう遠くない将来、実体を失って滅びていかざるを得ないこと、それ故、その後ろ姿を留めておきたい、という著者の眼差しがタイトルにも垣間見える。

一九五五年、五歳の時にわたしの家は横浜から鎌倉へ移った。北鎌倉の山寄りの小高い台地をはずれたところだが、周りの家は藁葺き屋根の農家ばかりだった。いっしょに遊ぶ近所の友達の家は、みな藁葺きだった。周囲にモダンな住宅は少なかったから、新品の近代住宅に移り住んだわたしは、たいそう肩身の狭い思いをしたのを子供心に覚えている。どの家にも井戸があり、くみ取り便所があり、畑には肥溜めがあった。その家の主が亡くなると、数日を経ずして背広姿の男が数人訪れてきて、家の人となにやら相談をしていた。相続と不動産の話だったのだろう。山裾近く木々に埋もれるように建っていた藁葺き屋根は、一〇年もしないうちに瞬く間に新建材の外壁で覆われた二階建ての家に変わっていった。農家は、入会地だった山林を切り分けて売り、畑地を売り、家を建て替え、たくさんの借家やアパートを建て、大小さまざまな地主となり大家となっていった。同じようなことは、程度の差はあれ、全国津々浦々で起きていたはずだ。

住まい、とくに民家は、まさしく暮らし方の延長に現れるもので、その形式が暮らしの在り方や風土にあまりに見事に結び合っていたために、かえって暮らしが変わることに耐えられない。農業の在り方の延長に農家があり、漁業の在り方の延長に漁村集落はあったのである。農家が地主となって農家でなくなり、漁師が遠洋漁業に重きを置いて沿岸漁業を止めた段階で漁村の住まいは変わってしまう。変わらず残っているのは、住まい手がおそろしく意固地か、豊かか、変わり者である場合に限られる。

近代はそうして、津々浦々に染み込んでいき、生活の細部まで入り込み、暮らしのビジョンを変え、生き方を変え、死に方までも変容させてきた。これに抗うことは不可能に近い。自給自足の生活、電気を使わぬ生活、電話を使わぬ生活、自動車を使わぬ生活、そんなものに耐えられる現代人などいない。だから、「生きている民家」は「生きていた民家」にならざるを得ず、それ故、「民家は生きてきた」と総括せざるを得なかったのだろう。鋭利で透徹した眼差しは、当然このことを見抜くが、そこに、郷愁と無念の思い、「これもしかたないか」という諦念、無関心である建築界への怒り、そんなものが言葉の裏側に透けて見えるような気がしてならない。

対談の企画でインタビューをするまで、伊藤ていじ先生とはパーティで数回お目にかかっただけだった。何もかも見通されてしまうような気がして、近づき難い感じがしていた。こちらの俗な心理など一瞬で見通してしまうような高僧のような澄んだ目線。それは、真におそろしい精神の有り様を見るような気がしていた。

しかし、時代をつくってきた名著を俎上に載せる本の企画では、『民家は生きてきた』を外すわけにはいかない。バナキュラーな建物に向けられた目線は、曇りが差してきた一九六〇年代後半の近代建築に疑問を持ち始めた建築界に大きな影響を与えた。閉塞しかけた建築界と行く先の見えない民俗学とに橋渡しをしたといってもよい。当時、反体制な気分の若者たちにとっては、前向きに近代建築を語ることはかっこ悪いことだった。さりとて抜きがたい建築への情熱はある。そのはけ口を探していた。その行き着く先のひとつが、バナキュラーに向かう視線であり、そのとば口を見せてくれたのがこの本だった。

磯崎新と川上秀光とともに「八田利也」という架空のキャラクターつくり出した。その八田に語らせる諧謔に満ちた『現代建築愚作論』は、学生時代の記憶に残る書物だ。これもまた、不満分子の別のはけ口を作り、話題になった本といってもよい。若者諸君、いろいろあると思うけど、世の中、真正面から見るもんじゃないよ。斜めから見ると意外に面白い。そんな風に語りかけているようだった。その仕掛けの首謀者が伊藤ていじという人だと知ったのは、ずいぶん後になってからだ。まさに、建築を目指す若い世代が、現代建築に感じていた胡散臭さを喝破し、鬱屈を吐露したものといえる。今読んでも、そのメッセージ性はまったく失われていない。つまり、世の中も建築界も、あまり変わっていないのだ。

気難しい人なのではないかと構えていたが、直に接してお話を伺うと、わたしの心配はまったくの杞憂だった。軽妙洒脱な語り口で自らの生きてきた道程をざっくばらんに語ってくださった。岐阜の大地主であった生家のこと、結核で生死の境を生き延びた学生時代、その後の一九六〇年代、渡米した頃のこと、話は多岐に渡った。しかし、なんといっても印象に残っているのは、民家を探し歩いていた頃のことだ。どういわけか、地図を見ていると、ここに行けば良い民家に出会える、という勘が働くんだよ、と楽しそうに言われていた。

一方、聞き手であるわたしのほうは、民家に向けられた慈しむような目線、それとは正反対の現代建築に対する厳しい目線、これらが先生の中でどのような位置取りをもち、関係づけられ、バランスをとっているのか、それが知りたかった。『民家は生きてきた』も『現代建築愚作論』も、様相を極端に異にする書物だ。かたや、過ぎ去るものへの惜別の辞であり、もう一方は、生々しい人の欲に対する侮蔑の紙つぶてである。そして、いずれも建築の本流からは遠い。それがわたしも含めた当時の若者を虜にした所以だ。

やはり、コインの表と裏なのだろう。これらはお互いを補完し合い、同期している。現世の欲得にとらわれた人間では、あのように民家に没入することも、現代建築を突き放すことも出来まい。稚拙な希望と禍々しい嘘に塗り固められたあの時代に、徹底してアウトサイダーたろうと決意した人にしか扱えない領域だ。

3・11では、無数の家屋が一瞬にして流され、約一万六〇〇〇人の方が亡くなった（二〇一二年警察庁発表）。家を失い家族を失ったおびただしい数の被災者を生み、福島では家も家族も在るのに故郷を失った多くの人たちがいる。これほどのことが起きないと正気に戻らないのがこの国の悲しいところだが、まさしくこれを契機に、次の時代は戦後の夢から目をさまさざるを得まい。建築家は、はたしてそのことが分かっているのだろうか。

頁をめくると、陸前高田の気仙大工の記述がある。昭和三三年八月七日現在、陸前高田市内で弟子を養成できる資格があると登録された親方大工は三八三人、その弟子は四四六人、とある。

この記述を読むと、今となっては遠い昔の夢を見るような不思議な気持ちになる。徐々に遠ざかっていたものが、いきなり消去された。大きな災害は、持続的で緩やかな時間の流れを情け容赦なく切断する。

また、奥羽の気温は低く、したがって耕作期間が短く、水分が多く肥料としては遅効性の牛糞より、水分が少なく発酵性が高く即効性のある馬糞が適していた。それ故、近畿地方以西では、家畜として稲作に向き食料にもなる牛が多く飼われていたが、奥羽では牛よりも馬の方が好都合であった、…というくだりでは、なぜ東北の馬屋や曲屋が民家の特徴になったかを知った。東北は牛ではなくて馬文化圏なのである。その洞察の深さに驚くと同時に、相馬野馬追いの風景を思い浮かべ、馬とともに暮らしてきた東北の風土を想った。

いくつかの立場で三陸の復興に関わることになった。多くの矛盾を孕んだまま、遅々として復興は進まない。この事態を俯瞰して強く感じていることは、この国の一九六〇年あたりにその素因があるということである。戦後、焼け跡から立ち直り、これから経済成長しようとするまさにその時、さまざまな社会制度が整備された。そして、その時期につくられたあらゆる法律や制度が復興を阻んでいる。思えば、防潮堤の整備も福島の原発もこの頃から始まった。われわれは、一九六〇年頃の亡霊に苛まれているのである。したがって、あの時代を凝視すること無しに、これからの未来は語れないはずだ。そしてあの頃、まだ、かろうじて「民家は生きていた」のである。

民家には「システムはあるけれど形が決まっていない」という言葉には、建築に対する哲学的な問いが含まれているし、形式的なスタイルに堕落してしまった近代建築への批判も裏側に垣間見える。さらに、「構造と平面が切りはなせない」のが民家で、切り放せるのがスキヤである、という解釈については、当時にぎやかだった縄文弥生論争や新興数寄屋に対する批判、さらにはこれをその後のモダンとポストモダンの対比に引き寄せて考えることも出来る。

「祖先への郷愁としてではなくして、むしろ輝かしい構想力にみちた未来への現代的象徴として民家を保存すべきである…」という警句は、単に民家の保存を訴えた言葉ではない。民家の背景にあるものを凝視し、先人達がそうしてきたように、そこで得たものを勇気をもって今に生かせ、ということなのだと受け止めたい。

そのためには、われわれは、まず、民家を凝視する前にこの本自体を凝視するところから始めねばなるまい。

〝古民家〟で過去と未来を繋ぐ設計集団

二川幸夫さんの写真集『日本の民家』は、一九五五年に撮られた貴重な記録だ。記録というばかりでなく、民家の空間にその時たしかに息づいていたスピリットを写し撮っている。

この写真を見ると、黒光りする柱や光を吸い込むような土壁、苔むしていく石積みの壁、漂う湿気を吸い込むような瓦屋根、そうしたものに対する愛情、さらには過ぎ去りつつあるモノへの哀惜の念が画面から溢れ出ているのがわかる。

そう、一九五五年、それはすでに終わりはじめていた風景だったのだ。戦争が終わり、都会は焼け野原になり、人々はそこから立ち直ろうとしていた。戦争に人手を取られてやや荒れ果てた農山村の民家たち。それでも都会に比べればずいぶんましな風景だったはずだ。その中には、村々の共同体が営々と紡ぎ出してきた暮らしの名残が色濃く残っている。

やがてこの風景からも、人々は都会へと駆り出されていくだろう。さらには、若者たちは集団就職で去っていく。すでに共同体にはそれを留めるだけの求心力はない。家制度が解体され、地主制度が解体され、入会地が消滅し、風景を支えていたものの背景が失われた。農業の民主化だ。それはそれでいい。しかし、われわれが故郷という言葉で思い浮かべるような農村風景は、それに伴ってなくなっていく。
民家にしても同じ事だ。旧憲法では家には家長がいて、家長は財産処分の権限を持ち、子供の婚姻許諾権も持っていた。具体的な力があったのである。家の中心にデンと家長が座っていたのである。それが民主化とともに、ただの「おとうさん」になった。民家は、かつてそれを支え受け継いできた主を失ったのである。残っているのは、こだわりと意地で守っていくような伝統や慣習といった精神的な求心力だけである。

過ぎ去りつつある風景、と言ったのはそのことだ。一九五五年にしてすでにそのような状態だったのだから、あれから半世紀が過ぎた今、よほどのことでないと民家は残らない。伝統的街並み保存、世界遺産、そうした名前で呼ばれなければ残らないほど、面影は遠く、後ろ姿は小さくなりつつある。

一方で、二川さんとは対極を行くような写真家である山田脩二さんが『日本村1969－79』で撮ろうとしたのは、古民家ではなくて古日本人とでも呼べるような人間風景だ。これも過ぎゆく風景だろう。共同体が生きていた時代への惜別の辞と言ってもよいかもしれない。二川さんが撮った時代から一五年あまりが過ぎている。二川さんの写真には、民家の中にしぶとく存在し続ける何かが写っているが、もはや山田さんの写真にはそれすらもない。崩れつつある集落とその最後の継承者たちが写っている。

民家に対して古民家があるのなら、日本人に対して古日本人というのもあるかもしれない。山田さんが撮ろうとしたのは、わずかに残る古日本人とその暮らしの風景だろう。荒れた田んぼに疲れた農夫、瓦が歪んで壊れかけた民家の屋根。二川さんが民家を撮って日本に区切りを付けたのとは対照的に、山田さんはカメラを止めて淡路に移住し、ひたすら瓦を焼く道を選んだ。まるでそれまでカメラに収めていた対象、撮影してきた風景の中の人物に自らなろうとしているかのような生き方だ。

新潟県の関川村にある渡邊家。立派な屋敷だ。たいそうな豪農で、米を納めるために農民が数日列をなしたという。長い土間があり、一段高いところに畳敷きの帳場がある。その薄暗い土間に足を踏み入れた時のことは今でも記憶に残っている。囲炉裏の煤で巨大な木造空間の柱梁や壁が黒く煤けていた。はるか高い明かり取りの窓から、昼の光が筋を描いて注がれている。それでも暗い。目が薄暗闇になれてくるに従って全容が見えてくるが、どうしても天井と壁が取り合っている片隅が見えない。光を吸い込むような煤で覆われたその片隅が、どう目をこらしても見えてこない。

これはわれわれが失ってしまった視覚、失ってしまった空間なのだ。どこまでも蛍光灯で照らし上げる都会で失ってしまった視覚。こうした暗闇に、座敷童などの妖怪が住み着いていたのだろう。近代的な生活は住まいから闇を追放し、同時にかつての暮らしの豊穣さと空間への想像力を奪ってしまった。民家には、そんな闇が至る所にあったに違いない。都会生活に浸りきったわれわれにこの世ならぬ何かが出現するとしたら、妙に明るい白昼夢のようなものしかないのかもしれない。闇よりそちらのほうがおそろしい。

反資本主義、反情報化社会、反プレハブ住宅、反モダニズム、反コンビニ。古民家にこだわるということは、そんな意思表明をすることになるのではないか。民家が古民家になるとき、そこには生産と一体となった共同体がすでに失われている。つまり、今、が失われている。その風景や建物を支えていたソフトウェアが失われている。その残像として古民家が残されている。古日本人とその暮らしを想像する手がかりとして残されている。

岡山には不思議な地域主義がある。楢村徹さん、神家昭雄さん、大角雄三さんといった建築家有志による古民家再生工房なるものが存在し、何とはなしに集まったこの集団のこだわりと蓄積が、設計する建物へと咀嚼され、空間の密度となって結実する、というすばらしい成果を上げている。都会では、あるいは都会の建築家では、絶対に到達できない密度を備えている。その一貫した姿勢は、まるで未来の古民家をつくろうと挑戦しているように感じられる。

今の生活もやがて過去になる。そうであれば、形式にとらわれず、形にとらわれず、かつての共同体が生み出したモノの中から、使えるものを取り出して現代に生かそう、というわけだ。彼らが取り組んでいるのは、過去から受け渡され未来へと繋いでいくべき「地域に息づく持続する意思」の建築化だ。

ここに流れているのは、権力的な資本主義の時間とも違う。慌ただしいインターネットの時間とも違う。もちろん、現世利益を追い求めるプレハブ住宅の時間や、便利で手早いコンビニの時間とも違う。古民家まで長くとはいかなくても、せめて自分の生きる時間を少しは越えようとする気持ちが建物から伝わってくる。それはまるで、これまでとはまったく違う新たな共同体の出現を待っているかのように見える。

村野藤吾の格闘

「写し」という方法

オリジナリティこそが個人を支える価値だと考えられている近代社会では、わが国が伝統的に継承してきた「写し」という概念は遺棄されたに等しい。個人の表現こそが創造の意味そのものであり、近代的な自我の在処を保証するものである、と誰もが思い込んでいる。そうした昨今では、「写し」の精神は理解しがたく異様に見える。コピー・アンド・ペーストは悪である。著作権や著作者人格権は憲法で保証された基本的な人権の一部であり、犯すべからざる権利として定位されている。このルールが守られないと、某国で大量のブランドコピーが作られるのと同じ事が起きてしまうからだ。

ここで述べようとしている俺は、伝承では聚楽第にあったとされる残月亭を表千家内の書院として再現したものを、村野藤吾が自宅内に改変を加えて「写し」たものを、さらに援用して「写し」たものである。つまり、「写し」の「写し」の「写し」なのである。「写し」は、写されるたびに解釈され、意味を加えられ、咀嚼される。それぞれ時代に合わせて変容していく。これをどう捉えるかがこの茶室を考えるに当たっての関門として立ちはだかる。

クラシック音楽がよい例だが、変奏曲というのはよくある話だ。たとえば、ブラームスによるヘンデルの主題による変奏曲、リストによるベートーベンの交響曲の変奏曲などなど、数え上げればきりがない。また、ときに音楽演奏は再現芸術と言われる。よく考えてみれば、名手バックハウスが弾く超オーソドックスなベートーベンも、グレン・グールドがモーツァルトをとんでもなく速いスピードで弾くのも、作曲家の残したオリジナルに対する「写し」と見ることもできる。否、作曲家当人でない限り、あらゆる演奏家は、オリジナルを理解し、解釈し、修練し、聞き手に向けて「写し」を披露しているのである。そうしたことを思い浮かべれば、村野の「写し」の気分を少しは理解できるような気がしてくる。

草むらの仙人

学生時代、ある集まりの事務局の使い走りをやることになって宝塚の閑静な住宅地にある木立に囲まれたご自宅に伺ったことがある。森の中に入っていくようなアプローチを抜け、玄関に入り居間に通され、しばらく待つように言われた。庭に向けて開け放たれたその場所からは緑いっぱいの野趣溢れる庭が見えた。待たされている間は庭を見るしかない。間近に藪のような灌木があった。関東の田舎者には、その案配を理解することなどできるはずもない。戸惑いとともにその庭を眺めているとガサゴソと藪が動いた。その藪から刈り取った草を抱えてジャンパー姿の白髪の老人が出てきた。それが村野藤吾その人であった。初対面はあっけなく、それもかなり意外な形で終わった。一九七三年頃のことであるから村野は当時八〇歳を過ぎていたはずだ。

新しい帝国ホテルとともに東光庵が出来たのは一九七〇年だから、すでにその時には数年が経っていたことになる。一九七四年に完成する赤坂迎賓館本館の改修、丸の内の日本興業銀行本店が完成に近づいていた頃だ。名実ともに誰もが巨匠と認める建築家が、藪の中から仙人のように出てきたことが何故かうれしかった。

村野藤吾その人と作品に関しては、建築評論家の長谷川堯さんの『村野藤吾の建築　昭和・戦前』(二〇一一)と名編集者である神子久忠さんのまとめられた『村野藤吾著作集』(二〇〇八)に詳しい。どちらもたいへんなエネルギーが投下された大部の書籍だが、村野藤吾という人となりを知る上で、また何を考えてどう生きたかを詳しく知るには、これらの書物を手にされることをお薦めしたい。この巨人の個人史的な視点、歴史的な視点はそちらに譲りたい。

いくつかの捻れ

村野藤吾と言えば、先に挙げた日本興業銀行本店や赤坂迎賓館本館の改修に加えて、渡辺翁記念会館(一九三七)、志摩観光ホテル(一九五一)、都ホテル(一九六〇)、日本生命日比谷ビル(一九六三)、千代田生命本社ビル(一九六六)、などが思いつく。帝国ホテルの四階に隠されたようにある東光庵の存在を知る人は少ない。この茶室は、帝国ホテルの宴会フロアの廊下に面した他の部屋と同じ設えの普通の扉を開けた所に設けられている。この稿に求められた役割は、この不思議な茶室に焦点を合わせることにある。

この茶室には、戦前から戦後に至る七〇年あまりの村野自身の歴史が背景に見え隠れする。さらにこの茶室の置かれた状況の複雑さが加わる。ホテルの中の茶室という嘘の向こう、そのなかにあえて数寄をやってみせるという虚構の向こうに、真実の精神的世界が見えるのだろうか。

わたしは茶室や数寄屋に精通しているわけではない。先に挙げた大著をめくれば、その全容の大きさにたじろぐ。だから、あらかじめことわっておきたいのだが、わたしに出来ることは、村野から世代的に半世紀あまり下ったひとりの建築家としてどう見えるか、という印象を述べるに留まる。

怒りと諧謔

フランク・ロイド・ライトの設計による旧帝国ホテルを壊して建てられた現在の建物。村野よりひとつ年下の東京帝大卒の高橋貞太郎(一八九二—一九七〇)の設計の現在の帝国ホテルは、旧帝国ホテルに比して建築的には見所の少ない建物である。旧帝国ホテルはライトという天才の手業によるものだから比較するのも気の毒だが、ロビーや宴会場など機能的ではあるが良い意味で標準的な意匠で、これといった印象が薄い。しいて言えば十字形に配された客室配置が特徴というくらいの建物である。その目立たぬ小さな一角を与えられて作られた空間。建築家として誇り高く負けず嫌いの村野からすれば、忸怩たる思いがあったはずである。それだけに、ここには様々な思いが投影されたのではないかと想像する。

外国からの賓客を招く場として、日本文化の一端を伝えるという意味では、ホテルの建物全体はとりたてて見るべきものがない。商業主義と経済に巻き込まれたこの建物の全容を村野が分からないはずがない。それならばこの小さな空間で何かを伝えよう。そんな意気込みがあったはずだ。伝統に対する畏敬の念、それを取り崩すように進む近代化と高度経済成長、それに追従する建築界の流れ。村野を取り巻く状況はいくつも捻れている。

東光庵の白眉は、それが残月亭の「写し」であり、いわゆる残月床といわれる床の間のつくり方にある。聚楽第にあったオリジナルの残月亭の名の由来は、床の天井が突上窓になっていて、そこから見える月を太閤秀吉が床柱に寄り掛かって眺めたことから言われるようになったという。このためこの残月床の床柱を太閤柱というらしい。

真偽のほどは置くとして、床の上が突上窓というのはすごい演出だと思う。外の光に照らし出される床の空間は、さぞかし客を驚かせたことだろう。人の意表を突く太閤の好みにかなったものであったに違いない。この時代の婆娑羅な気分が想像される。ちなみに現在の残月亭には突上窓がない。

見立て

東光庵の特徴は、宴会場の廊下に面した目立たぬ扉を開けた所から始まる。扉を開けると、そこにはホテル内に漂うなんともいえず息苦しくなるような空気とはまったく異なるひんやりとした空気が流れている。庭に対して開口部が開かれているので、外からの光で内部空間はシルエットになって、目が慣れるまでの数秒間は薄暗闇の中に壁や天井は沈んでいる。庭に面した掃き出しの開口部は、サッシとも柱ともつかぬディテールで処理されているから、ここは外部なのか内部なのか、一瞬、判然としない。可能ならばサッシなどないほうがよい、と思っていたはずだ。その願望が開口部周りのディテールの繊細さを導いている。しばらくして目が慣れると、右手に左官壁の繊細な数寄屋とおぼしき壁やら柱が見えてくる。

庭に抜けるように踏み石が敷き並べられた露地がある。接客があるときは踏み石に打ち水がなされ、それが外からの光で輝き、客の足下を確かなものにするだろう。これは内部空間だが、あきらかに外に「見立て」られている。

天井は竹を半割にしたものが並べられ、それに隙間が空いていて、かつては照明が仕込まれていたという。客は入るなり不思議な天井を目にしたはずだ。垂木は蹴込天井のようになっていて、平たい天井が途切れるところから勾配を持ち、庭に対してサッシをまたいで差し掛けられている。

斜めになっている天井は、極小のスチールの垂木が六㎝幅で設けられ、それをガイドにして半円状の断面を持つアルミの抜き型でできた部材が敷き並べられている。アルミの表面には特殊塗装が施され、ざらついた肌触りで鈍い光を放っている。素人にはどんな素材で出来てきているか分からないだろう。自然素材である竹の天井から、人工素材であるアルミの天井への絶妙な変奏である。

この庇の下を抜けて開口部沿いに回り込んだ露地の先に茶室がある。入口からできるだけ距離を取りたかったのだろう。喧噪のホテル空間の廊下から、気持ちを切り替えるには時間と距離が要る。庭を目にし、足下の踏み石をおぼつかない足取りで辿り、目と体が違う次元へと誘われていく。これは古今の茶室が、浮世の喧噪から離脱するために、露地や待合といった手法でやってきたことだ。そして、こうしたいささか回りくどい身体的な手続きを経て、ホテルというビルのなかの茶室、東光庵に至る。

残月床の方へ

まず、尋常ではない広い板敷きの床が目に飛び込んでくる。残月亭の残月床の「写し」、村野自邸の「写し」でもある。本歌である残月床は、一段高く、それも畳敷きである。床というより貴人が座る上座といったほうがふさわしい。それを下げ、板敷きにし、さらに床柱を内側に寄せて、板敷きの床が完結しないように、いわば板敷きの空間が畳に流れ出るように同じ高さにしている。床の高さを変えると、茶室を構成しているすべての壁を再構成しなければならなくなる。プロポーションが変わるからだ。茶室の一番の要である床を下げた時点で、この空間は単なる「写し」から大きく逸脱し始めている。

さらに床の奥の壁を切り抜いて、小さな床を設けている。これも村野邸と同じだ。招かれた客の視線は、残月床を抜けて、この洞床に自然と向けられるようになっている。さらに床の手前の二畳の畳と八畳を区切る垂れ壁をかなり低く下げている。これもオリジナルにはない。

こうなると、残月床に掛けられた軸物は、手前の八畳からはすんなりとは見えない。軸物を見ようすれば、この二畳に摺り出なければならない。つまり、残月床は床柱を中心に二方に開かれているように見えながら、ハッキリと正面を持っていることが分かる。小さな洞床を遠目に見、軸物を見るためには二畳に出る。自然と客に動きを要求する仕立てになっている。このあたりの仕掛けが面白い。

「写し」「くずし」「外し」

オリジナルを知っている人からすれば、この「写し」は過激だ。「写し」とはいわないかもしれない。正確に再現したものを「写し」とすれば、それを変容させて違う意味を持たせるのは、「くずし」とでもいえるかもしれない。楷書体から草書体へと変えるようなものだ。元のものを引用し、その引用を明示し想起させながら意味を変えることは、「くずし」ではなく「外し」とでも呼べるかもしれない。この考え方からすれば、これは「くずし」と「外し」がたくみに組み合わさった空間だ。

ここにやや面倒くさい事情が生じる。「写し」の大本である本歌を知らない人たちにとっては、「写し」の意図とその結果生じる意味が分からない。何故「写し」たのか。何故手を加えて変えたのか。その差と意図が伝わらない。まさに、茶室に招かれる外国人、茶の素養のないわたしのような現代人にとっては、その空間に込められたほとんどのメッセージを見落とすことになる。そこにこの茶室空間が、半世紀というおおきな時代を越える上での本質的な限界がある。

自宅でつくり、いくつかの事例で試してきた残月床。くずそうと外そうと、すでに村野の手の内にあったに違いない。村野と同世代の吉田五十八による新興数寄屋という伝統への向かい方に対する反発。内と外を切り分ける現代建築の中につくられる茶室という価値転倒に対する怒り。それでも細部に込めるメッセージによって、数寄屋の作法によって、時代に流れる風潮を反転させようという意地。それらがこの茶室の空間に渦巻いている。

しかし残念ながら、その格闘自体が、茶が遠くなったわたしの世代にとって、さらには今の若者にとっては、過去のものになりつつある。

問いかけ

岡倉天心は『茶の本』のなかで茶室を論じながら次のように書いている。

「芸術が充分に味わわれるためにはその同時代の生活に合っていなければならぬ。それは後世の要求を無視せよというのではなくて、現在をなおいっそう楽しむことを努むべきだというのである。また過去の創作物を無視せよというのではなくて、それをわれらの自覚の中に同化せよというのである。伝統や型式に屈従することは、建築に個性の現れるのを妨げるものである。」

村野は、残月亭から見て取れる四〇〇年前の革新的な精神を愛し、形骸化した伝統や形式に反旗を掲げ、その元にあった精神を彼自身の自覚の中に同化し、それを伝えようと格闘したのではなかったか。しかし、その思い入れは伝わりにくくなりつつある。それが、この庵をあとにし、ホテルの廊下の喧噪を抜け、ロビーを抜け、外の空気をようやく胸一杯に吸ったときに思い浮かんだことだ。

この茶室ができた時代から半世紀が過ぎた。今や茶室も数寄屋も観光客向けの商品にしかならない。伝統も何もあったものではない。文化は売り物です、クールジャパン、オモテナシ、インバウンド、国際化、外貨獲得。それもいいだろう。しかし一方で、コンピューター、高度情報化社会、IoT（Internet of Things）、AI（Artificial Intelligence）。そんなものに取り囲まれている「われらが時代のわれらの救い」はどこにあるのだろう。この得体の知れない薄暗闇を同時代の生活として受け止め、その中に漂う形骸化した文化の欺瞞を打ち砕くような術があるのだろうか。

床柱にもたれ、突上窓から見える月を眺める。太閤が秀吉に、さらに藤吉郎に戻る瞬間。そんなことを可能にするわれらが時代の太閤柱が必ずどこかにあるはずだ。などと考えながら、妙に明るい有楽町の冬空を見上げてため息をついた。

地の塩

此岸と彼岸

国の重要文化財になっている杉本家という町屋が京都にある。大きな町屋で、町屋の形式をとった屋敷と言ってもよい。二〇年ほど前のことになる。ある宵、縁があってそこでの煎茶の会に呼ばれた。その道についてはなにも心得がないので末席を汚しただけだったが、御当主の杉本秀太郎先生にお目にかかることが出来た。杉本先生はこの老舗の御当主であるとともに著名なフランス文学者で文芸評論の名文家としても知られている。

わたしはまだ若かった。京都の伝統のなかに深く沈みながらフランス文学をする、というのはどんな気持ちなのですか、と無礼にもこの席で質問してしまった。わが国の建築は、西欧に憧れ、理解しようともがき、それをいち早く取り入れることに狂奔する。それは、京都という伝統文化の本丸に居てフランスを思うこととも繋がるように思えたからだ。場を心得ぬこの不埒な質問に対して、その場に居合わせた人は青くなったに違いない。しばし沈黙が流れた。先生は居住まいを正されて天井を見上げながら、「日本にいてフランスを思う、これほど日本的なことがあろうか」とつぶやくように答えられた。その時、わたしは自分の未熟さと不明に赤面した。穴があったら入りたいような心境だった。
此岸と彼岸、このことは、宮本忠長という建築家が抱えた、地方と都会、長野と東京、という対比にも繋がるような気がする。原稿の依頼を受けて、まず思い浮かべたことである。わたし自身、かの時に感じた赤面するような思いを、いまだに克服できていないからだ。

地の塩になれ

一〇年ほど前、宮本先生にインタビューする企画があって、その時にうかがった話のひとつに記憶に残っているものがある。佐藤武夫先生の事務所を退職して独立する時、「君は地の塩になれ」と言われたという。このエピソードは他ではあまり語られていないようだが、わたしの心の中には、この言葉を口にされた時の先生の遠くを見るような笑顔とハッキリと語っておこうという固い口元とともに強い印象として残っている。

地面には塩が含まれている。それはミネラルであり、植物が育つには欠かせない。その「地の塩」になれ、というのである。気になって調べてみると、これはキリスト教の聖書にある有名なイエスの「山上の垂訓」の一節だろう。「あなたがたは地の塩である。だが、塩に塩気がなくなれば、その塩は何によって塩味が付けられよう。もはや、何の役にも立たず、外に投げ捨てられ、人々に踏みつけられるだけである。」不思議な言葉である。よくわからない。しかし、「地の塩」という言葉はここにしかない。佐藤先生がクリスチャンであったかどうかは定かではない。しかし、それこそ手塩に掛けた弟子が、帰郷を決意し、それに贈る言葉として、これほどふさわしい言葉はないようにも思える。

以来、宮本先生に接するとき、この言葉が頭をよぎる。この上なく温厚で優しい笑顔で誰にでも接せられるのは、その裏にある激越な情を温厚さで覆い、優しい笑顔は鋭い眼光を隠すためではないか。それは、「地の塩」になる覚悟が、風土との長い年月の格闘の末に生み出した、人に接するもう一人の宮本先生の姿ではなかったかと推察する。

後に半生を振り返った週刊長野の連続インタビューで、建築家を空中戦と地上戦という対比で語られていて、「世界の動き、日本の動きをキャッチしながら、空から俯瞰するように自分の建築をまとめていく」空中戦に対して、「大地を歩くというか、要するに日常の中で建築を考える」地上戦がある、とする。「私は大地を行く方で、天空はあまり見ないんです。」と言われている。それは、諦めとも覚悟とも取れる微妙な物言いだった。「地の塩」という言葉は、宮本忠長という建築家から何を奪い何をもたらしたのか、に思いを馳せる。

遠きにありておもうもの

かつて長野は遠かった。子供の頃、冬になると叔父や叔母に連れられてスキーに行った。上野から信越線の夜行列車に乗り込む。いつも満員で、網棚にはスキーがズラッとフックで吊らされ、通路は新聞紙を敷いて寝る人で埋まっていた。真冬なのに列車の中は人の熱気が充満しているから、だいたいが一睡も出来ずに過ごすことになる。大宮を抜け、高崎を抜け、真っ暗な山々を抜けると白い景色に変わる。そして深夜、長野駅に着く。行き先はさらに奥の志賀高原が多かった。長野駅での停車時間は長かったので、駅の立ち食い蕎麦を急いで食べに行く。周囲を分厚い雪で覆われて深々と冷える駅のプラットホームでかき込む湯気が立った蕎麦は格別にうまかった。このころ、昭和三〇年代、上野から長野までどのくらい時間がかかっただろう。遠く、雪深く、夜を徹して行かねばたどり着けない場所、それがかつての長野の印象である。

いまや新幹線が通り、二時間もあれば行ける場所になった。だが、一九六四年、宮本先生が戻ろうとした故郷は、その時代それほど都会からは遠い所にあったことを思い出しておく必要がある。やがて東京オリンピックが開催され、大阪万博が催され、この国が経済中心になり、なにごとも東京中心になっていく時代である。都会でも充分にやっていける自信はあったろう。都会で負けて帰ってくるのではない。遠い故郷に立て籠もって世の行く末を見てやろう、そんな気概があったのではないか。

「ふるさとは　遠きにありて思うもの　そして悲しくうたふもの」という一節は室生犀星だが、これは大岡信によると、都会から故郷を偲んで詠んだ句ではないという。帰郷した折りに、故郷の現実を嘆じたものだという。若き日の宮本忠長にも、似たような複雑な思いがあったに違いない。

そして現在、長野にも新幹線が通り、長野オリンピックが開催され、インターネットで瞬時に情報のやり取りが出来る世の中になった。東京と長野の距離はどんどん近くなっている。そんな時代を、宮本忠長という建築家は、生涯、東京と長野の距離というドグマを抱えながら、「地の塩」となるべく生き抜いたのである。

反骨の小布施

何の機会だったか忘れたが、小布施を訪れた時に宮本先生にご案内いただいた。恐縮のかぎりだった。緊張していたせいか、その時どんなことを説明されたか覚えていない。たしか、小道の造り方だとか棟と棟の関係だとか、そんなことだったと思う。はっきりと覚えているのは、我が子を愛でるようにひたすら説明をされたことである。おそらくわたしはそのように自分の設計した建物を語ることは出来ない。建築に対する思いが足りないのかもしれない、と恥ずかしい思いに駆られた。小布施堂の景観をたいせつに育て上げてきたが、よい景観が出来上がった後で、それを目当てに隣に土産物の店舗が出てくる、それが無遠慮で気に入らない、と語っておられた。

初期の作品である北斎館は、控えめではあるがモダンで端正な建物である。この時期は、まだ街並みとか修景とか、外と繫がる意識は薄かったのかもしれない。後の作品に現れるような軒の出や通り抜けといった人を引き込む要素はない。それもあって、北斎館は小布施堂の敷地の外れでやや孤立しているように見える。その頃の小布施堂はおそらく旧来のままで、まだ広がりを持った修景といった視野がなかっただろうから、当然のことかもしれない。

まず、最初の一手である。しかし、それ以降、二手、三手と手を付けるうちに、それぞれの関係性が中心になってくる。どこからどこまでが古いのか新しいのか分からない、否、よく見れば分かるのだが、一つの繫がった空気の中にある。そこには自己主張もなく、オブジェ指向もなく、小道を挟んで新旧入り交じった小布施堂の空気が流れている。

マスタープランを描いて作っていく、というやり方は計画に枠を嵌めるので避けるべきだ、と早稲田大学のアーカイブのインタビューで語っておられる。これは、近代的な思考や都市計画手法への穏やかな批判である。

同じ頃ローマクラブが「成長の限界」を説き環境問題を提示し、ジェーン・ジェイコブスが都市の荒廃とスプロールに警鐘を鳴らし、ケヴィン・リンチが『都市のイメージ』を著し、都市が統合的なビジョンではなく、要素が繋がりあった関係性の中で描けることを示した。また、C・アレグザンダーがセミラチスという考え方で見直しを迫り、彼の『人間都市』という本の翻訳もなされた。これは今でもわたしの教科書のひとつだ。どれも、行き過ぎたモダニズムに対しての問題提起だった。時代は小布施とシンクロしていたのかもしれない。

しかし、これは所詮は負け戦だ。わたし自身もその負け戦を戦っているからよく分かる。時代はどんどんグローバル化し、資本主義は世界を覆い、やがてベルリンの壁さえ壊してしまう。たとえそれがまがまがしい嘘でも、この流れには抗しきれない。したがって、風土やその中で育まれる関係性こそが重要なのだとする姿勢は、孤塁を守るという所に立たざるを得なくなっていく。あとはそれをやり通せるかどうかだ。どれだけの人がそれを保持し続けることが出来たろう。

個体のオブジェではなく、それぞれの関係性こそが重要なのだ、という思考は、やがて景観を整えていく善光寺周辺の修景や、周囲の街並みや風景との呼応を問う松本市美術館の試みへと発展していく。師匠の佐藤武夫が、まだ先の見えない戦後、市庁舎に民主主義の希望の証として塔を立てた頃からは時代が移る。近代と風土との相克を乗り越える前の世代の挑戦から、人と人との関係性へ、人と風土との関係性へ、小布施を契機に宮本の仕事の視点は変わっていく。そして最後までその立ち位置は変わらなかった。

動かないこと

一億総懺悔の後の戦災復興、高度経済成長に浮かれた一九六〇年代が過ぎて、一億総中流と言われた大衆消費社会がやってくる。一九七〇年代、この頃からこの国は節操を失った。経済に悪のりするように、建築にもポストモダニズムの時代がやって来る。

もともとポストモダニズムは、抑圧的な政治や制度や価値観を克服する手段として文学から始り、それがデザインに飛び火し、建築にも飛び火した。建築の価値と意味を、権力から人の手へ、民衆の手へと取り戻す唯一の方法として信じられた。モダニズムの教条主義的かつ啓蒙主義的な構えを批判する。それ自体は悪くない。まっとうな考え方だ。問題は、瞬く間にその手法が資本の論理の中に組み込まれてその道具と化したことだ。それは資本の真の姿を覆い隠し、消費社会に悪のりする都合の良い理屈、言い換えれば欺瞞に堕したことだ。あるいは、それらに呑み込まれ、巧みに利用されたところにある。

戦前、分離派の旗手だった山口文象は、建築家の節操のなさを嘆いて、「前衛建築家の宙返り」という皮肉たっぷりの文章を書いた。戦前のモダニズム、その後の帝冠様式、そして戦後のモダニズム、伝統論争、建築家はいったい何度宙返りしたら気が済むのか、という論だった。そして今度は、ポストモダニズムである。

時の流れ

こうした都会の喧噪を遠く見る宮本の地域主義も、この流れと無縁ではない。ポストモダニズムにとって、地域に根を張る地域主義は、都合の良い例示のひとつとなった。つまり、宮本自身がどうであれ、ポストモダニズム的な例のひとつとして位置づけられた。その場所から思考を始める宮本にとっては、世の流れなどどうでもよいことだったに違いない。立ち位置は変わらないのである。

高松の山本忠司、愛媛の松村正恒、山形の本間利雄、高知の山本長水、岡山の矢吹昭良と古民家再生工房のメンバー。地域を拠点にしぶとく活動している素晴らしい建築家がいる。孤塁を守る戦いである。唯一の武器は、地域に根ざした中でしか生み出せない成熟した空間の密度と強さである。それぞれの孤塁はそれぞれ孤独だ。宮本の存在と生き方は、彼らから励まされ、彼らとシンクロし、彼らを励ましたはずだ。

一方で、地域を標榜する建築家が山のように出てくる。地域主義は、都会の流行から自らを守る鎧であったはずなのだが、それが今や最先端のポストモダニズムともシンクロし始める。それでは都会の建築家がモダンやポストモダンを標榜して身を守るのと同じではないか。宮本には忸怩たる思いがあったはずだ。

建築評論家のケネス・フランプトンは、クリティカル・リージョナリズム（批判的地域主義）という文脈で、資本や権力に収奪されその道具となったモダニズムを批判した。フランプトンは、批判的地域主義の特徴として、地勢、気候、光、視覚より触覚などの重視を上げている。まさに宮本の建物と姿勢そのものではないか。フランプトンは宮本の存在を知らなかったに違いない。

スターアーキテクトと作品主義一辺倒のわが国の建築ジャーナリズムが、宮本の仕事の控えめなメッセージを、意図的に批評性として受け取らなかったのだろう。モダニズムが資本主義へ、ポストモダニズムが大衆消費の経済へと呑み込まれていく建築家の宙返りの時代からは距離を取って、孤塁を守る姿勢こそがメッセージなのだ、「地の塩」として生きることこそが普遍的な価値なのだ、宮本の生涯を振り返る時、そう無言のうちに語っているように思えてならない。

悠久なものの影

数学者の岡潔は『春宵十話』のなかで、「理想」は経験の延長にしか生まれないから、それは必然的に過去の影である「なつかしさ」を帯びるはずだ、というようなことを述べている。芥川龍之介はそれを「悠久なものの影」と呼んでいる、と書いてあるが、これは間違いで、芥川は『戯曲三昧』の中で老いた滝沢馬琴に「悠久なものの姿」とは言わせているが、「影」とは書いていない。だから、これは岡の創作である。しかし、言いたいことはよくわかる。良い言葉だ。はるかな過去から遠い未来まで、そこにかすかに流れる悠久の時の一端、すなわち影をとらえること、それが理想なのだ、と解釈したい。

宮本もこの「なつかしさ」と「影」を求めて、建築家としての一生を生き通したのではないかと思う。「なつかしさ」は、単なる懐顧趣味ではなく、狭い地域主義でもなく、人の世が過去から未来へと紡ぎ出す普遍性であり、それはハッキリとした姿を持たず、「影」としてわれわれの前に現れる。長野という地の形のない「なつかしさ」を伴った「影」のようなものを建築化する。それが「地の塩」にならんとした宮本の生涯を掛けた戦いであったように思う。

石原義剛《よしかた》館長との日々

解決しようがないほど大きなテーマを心の底に抱いたなら、人はどう生きるのだろう。そんなことが石原館長を思い出すときに思い浮かぶ。

館長はわたしより一三歳年上の一九三七年生まれ。レイチェル・カーソン（一九〇七～一九六四）が化学物質による環境汚染の警告を発した『沈黙の春』（一九六二）を書いた頃に青年期を過ごし、写真家のユージン・スミス（一九一八～一九七八）が『ミナマタ』（一九七一）を撮った一九七一年に、鳥羽市内に最初の海の博物館を立ち上げた。おそらく彼らと同じような危機感を持って生きたはずだ。

美しく豊かな海、汚染もなく、環境物質もマイクロプラスチックもない、人と自然がほどほどの付き合いが出来た時代。そんな少し前の原風景を頭に思い浮かべたなら、社会の無神経さにいら立ち、皮肉がきつくなるのも当然のことだ。時の流れに逆らって、利用できるものは何でも利用し、世の中がどうあれ孤立をおそれず意地を通す。海の博物館の活動はもちろんのことだが、バブル経済に逆らって超ローコストで建てた今の博物館の建物にも、そんな館長の気分が色濃く映し込まれている。

収蔵庫は海抜一二・五ｍより上の岩盤の上につくるのが絶対条件や、とまず最初に言われた。過去の記録を調べて津波の遡上高が一二ｍくらいなので、数世代を越えて収蔵物を受け渡すには、収蔵庫は津波被害を想定に入れなければ、という考え方だった。その時は、極端なことにこだわる人だなとも思ったが、津波に襲われた三陸地域の復興に関わった今では、館長の言っていたことが本当によく分かる。

原発には一貫して反対で、そのための活動もした。効率を上げようとしてあんな安普請で作るからダメなんや、三倍か四倍金かけてつくるんならいいけど、でもそうしたらとても採算が合わんやろ、とよく言っていた。ここ数年、福島にも関わるようになってからは、館長の言っていたことが身に沁みて分かる。ともかく三重県に原発をつくらせなかったことは、館長の人生を通して最大の成果かもしれない、と本人に言ったことがある。そんな時も、少し嬉しそうな顔をしたが、あたりまえのことや、とあっさり一言。可愛げのない意地っ張りである。

設計の打ち合わせでは、夜は伊勢の居酒屋で魚を食べながらの講義だった。こちらの意見は眼中になく、一方的に自分の考えを述べる。口うるさいのが難点だったが、実に多彩多様な知識の宝庫だった。いきなり目の前の割り箸を手に取って、これをこのまま一〇〇年保存したら重要文化財になるんやで、と冗談ともつかず真剣に語る。これも収蔵庫の移り変わりを三〇年見てきた今は分かる。

戦後の経済復興の一翼を担ったのが化学産業だ。漁網が化学繊維に替わり、木造漁船がＦＲＰ船に替わり、ガソリンで動く発動機が付く。暮らしの身の回りを化学が埋め尽くしていく。博物館の膨大な収蔵物は、そんな激しく変わっていく時代から放り出された漂着物で埋め尽くされている。晩年は海と共に生きる海女の文化継承に尽力した。

自然を甘く見るような近代的な思考を信用しすぎてはいけない。利便性や効率に目がくらんで信じ込むこと、これほど愚かなことはない。それは後の時代から無知や欺瞞と言われても仕方がない。そう思っていたはずだ。

博物館の運営はいつも厳しかった。館長は浮き世の経済を信用していなかったから、その分経済にやり込められた。それをいなし、かいくぐるための手段として、金銭に関しては一切の無駄を嫌う超合理主義者を通した。海の博物館は、本来なら公がやるべきことを自前でやってきた。市の英断で市立の博物館になったのは本当によかったと思う。館長もこれでひとまず安心しているのではないか。

Ⅳ

建築の役割は「身の置き所」を作る仕事であり続けるだろう。

ときたま、「俺は建築家だ」と叫びたくなる時があります。建築をめぐる文化の閉塞した囲いを解いて、建築村の外へと広がりを求めたことは確かです。逃げたわけではありません。境界を広げようとしたのです。

土木に籍を置いたことをきっかけに、街造りや都市計画、果ては津波の復興にまで深く関わることになりました。この二〇年間、カバーする領域は広がる一方でした。多くは委員会や審議会などの公の場で状況判断をする行司役の立場です。その過程で、最終的に建築家を選定したり起用したり差配をすることもたくさんありました。

あるとき気がつきました。周囲の誰も、わたしのことを建築家だと思っていないのだ、ということです。建築のことが分かっている委員会の専門家として便利に扱われていることに思い至って、失望したことがあります。

あるギャラリーでわたしの建築家としての仕事に関する展覧会を催してくれたことがありました。普段仕事をしている仲間に案内を出して、たくさんの人が見にきてくれました。よく顔を合わせる役所の土木系の役人に、「先生も建築をやられるんですね」と言われて、本当に愕然としたことを忘れられません。その時、冒頭に述べた言葉を思わず吐きそうになったのです。

なんといっても、わたしの活動の根は建築にあります。この二〇年、建築のテリトリーを出てさまざまなことに関わりました。土木、景観、都市計画、デザイン、大学組織、復興、自分でも驚くほどいろいろなことに足を突っ込んできたものです。それでも、自分の依って立つ知識や思考方法は、建築で培ったものであることは確かです。

いろいろなことをやっていても、夜は事務所で建築の打ち合わせをします。そこで気付くことがあります。まったく関係がないと思いがちな外での活動が、実は建築を考える上でとても役立つことがあるということです。また、その逆もあります。建築のディテールを考えている時に、ある都市の組み上げ方が思いつくこともあります。いや、それどころか、すべてはひとつのことなのだ、と思えることもよくあります。

もともと、人間、建築、都市、さらにその先の環境、世界、それらはひとつのもののはずです。人間が自分の都合の良いように切り分けて再構成しているだけです。建築というのは孤立した閉じた系ではなく、開かれた系であるべきです。ここには、技術、文化、社会、経済、歴史、さまざまなものが流れ込んで来ているはずだからです。多くの人は日々の効率を重視するあまり、それらを意図的に見ないことにし、意識から排除しているだけです。しかし、その流れ込む量が多ければ多いほど、建築は豊かになるのです。その時代の表象となるのです。

明治一五〇年、建築をめぐる言葉の迷走

もうずいぶん昔のことになるが、一九七〇年代の後半、スペインのマドリッドのフェルナンド・イゲーラスという建築家のもとで修業時代を過ごした。当時スペインは、ヨーロッパの中でやや時代遅れの社会体制だったから、ひと昔前の仕事の仕方だったかもしれない。事務所には三つの身分階層があった。arquitecto（建築家）、aparejador（現場監理者）、delineante（製図工）である。arquitecto（建築家）は大学出のエリートだった。幸運なことに、わたしはarquitectoとして雇われたから、仕事を一緒にしているdelineanteから最初はずいぶん妬まれた。大学院出の右も左も分からない若僧の給料が、一〇年近く務めた彼らの倍もあったのだから当然のことだ。図面を描いたりすると怒られた。「それは自分たちの仕事だ、おまえは考え方を決めたりスケッチを描け」と言われた。最後は仲良しになったが、隠れて図面を描いたりしていた。

ある日、イゲーラスが最近のcolegio arquitecto（建築家協会）に対しての愚痴を言っていた。大学で大量の卒業生を出すようになって、それがみんなメンバーになるので、協会で意見が通らない、という。何人なんだと聞いたところ、たしか全国で一〇〇〇人くらいだ、と言うので驚いた。当時わが国で建築学科を卒業する人数は数万人もいたろうから、比較する気にもなれなかった。

「あなたの頃は何人ぐらいだったか」と聞いたところ、「全国で二〇人くらい」と言っていた。arquitectoはエリート中のエリートだった。

街で警官に職務質問されても、arquitectoだと言うと、明らかに相手の態度が変わった。感覚的な話だが、社会的な立場としては、医者や弁護士より格段に高い位置を占めていたような気がする。今はもうそんなことはないと思うが、おそらくひと昔前の西欧では、そういう立ち位置だったのだろう。

ちなみに、スペイン語は、イタリア語、ポルトガル語とならんでラテン語に近く、ローマ以来の言葉の原義に近い。arquitectura（建築）、obra（作品）、edificio（建物）、は明確に区別されて使われていた。

Architectと建築家

工学を学ぶ者のための簡易な英語の辞書である明治一九年に編まれた『工学字彙』には、「architect」は「造営師」、「architecture」は「造営学、造営術」となっている。事例として、「gothic architecture」は「ゴス派造営術」と書かれている。ちなみに、「builder」は「建築者、造営者」、「building」は「家屋」と訳されていた。「architecture」と「building」は、別のものとして記載されている。すなわちこの時期はまだ、「architecture」は具体的なモノではなく、「術」すなわち「方法」として翻訳されていた。文化全体に対する意味を含まないのでこれで正しいとは言えないが、現在よりもましな翻訳がなされていた。

「architecture」は抽象名詞で複数形を持たない、と中学英語では教わるが、その意識が大人になる頃にはきれいに忘れ去られているのが通例だ。かく言うわたしもその一人だった。この言葉の指し示すところを生業とし、さらには教壇で教えるまでは、さして気にすることもなかった。しかし、言葉が気になり始めると際限がない。「architecture」とはなにか、ということになる。繰り返しになるが、「architecture」は抽象概念であり、それ故、現代でもコンピューターや社会制度を論じるときに「system architecture」のような使われ方をするのである。

私見だが、「architecture」という言葉の指し示すところは、正確には言い切れないが、おおよそ「文化と技術を橋渡しし、未来に向けてモノを構築する精神」というようなものではないか。「gothic architecture」、「renaissance architecture」、「modern architecture」などと使うとき、その時代の技術とともに文化が含まれていることは言うまでもない。

仮に「建築」が「architecture」と同義だとすれば、建築家という存在は、技術全般に通じるとともに文化全般にも通じていなければならないはずである。本書で述べられているように、教育課程に於いて人文科学的な素養を身につけることは必須となる。それを身につけた者が実務的経験を経て初めて「建築家」たる存在になることが出来る、というのは極論だろうか。

そうするためには、とても大学の四年間では無理だ。フィンランドでは卒業するには最低でも八年は必要だと聞いたことがある。親子で大学に通っている人もいるという笑い話もある。ちなみに、イゲーラスは大学入学後、水彩画のコンクールで国のゴールドメダルを取り、ギタリストとして一流になり、その後に卒業した。あれこれやって卒業するまで八年かかったそうだ。そんななかで培われた広い人脈から、月に一度の事務所でのパーティには、マドリッドの主立った絵描きや彫刻家や詩人が集まった。

architectureと造家

明治以降、「architecture」という言葉は、誤訳と迷走を続けた。一八七七年（明治一〇年）につくられた工部大学校（後の東京大学工学部）の中に「造家学科」がつくられ、やがて「造家学会」が設立されるが、どうも家をつくるイメージとは違う、ということになったらしく、一八九七年に西洋事情に通じているとされた伊東忠太が、まれにしか使われていなかった「建築」という言葉を持ち出して、「建築学科」、さらに「建築学会」と改称するに至った。

この間、「建築」に対するはっきりとした定義もされないまま事が進んだがために、「architecture」と「building」と「建築」と「建物」は、場当たり的に組み合わされて使われてきたのである。「人間」や「空間」など、この時期につくり出された多くの明治造語はどれも正体がはっきりしない。同じように、先に挙げた『工学字彙』には「design」は「計画」とされている。にもかかわらず、その後、本来広い意味を持つこの抽象語に、和服の文様などに使われていた「意匠」という言葉を当ててしまった。現在に至る意匠法は、一八八九年に意匠条例として施行された後、一八九九年に改正され意匠法として成立する。この時期、繊維産業が輸出の主力であったから、仕方がなかったのかもしれないが、「architecture」同様、この言葉は著作権が熱心に議論されるようになった現代に禍根を残していると言わざるを得ない。ちなみに中国語では「design」を「設計」と訳し、抽象概念として扱っている。いずれにしても、明治の造語には気をつける必要がある。

明治以降の住宅政策と世相を描き出そうとした本書の主要な主題も、これらの言葉の迷路を巡っているところもある。すなわち論じられている「建築家」と「建築士」という言葉、「architecture」と「building」という言葉、これらの場当たり的な順列組み合わせによって生じてきた問題であると言えなくもない。普通に考えれば、「建築」は「architecture」であり、「architecture」をつくり上げるのは「architect」である。この意味での「architect」が「建築家」である。もしそうなら、「建築家」という立場は、技術を含めた文化の総体を理解し、それを組み立てる意志を持った人、ということになる。多少、杓子定規で固いかもしれないが、これがまっとうな理路だろう。

しかしながら、残念なことに建築基準法に「建築」の規定はない。定義されていないのである。「建築」と「建物」を組み合わせて、やや苦し紛れに「建築物」という言葉が登場している。第一章第二条に「建築物　土地に定着する工作物のうち、屋根および柱若しくは壁を有するもの」とあるが、これは具体的なモノとしての「建物(building)」の規定であって、抽象概念である「建築(architecture)」の規定ではない。これならば、「建築」を実現すべき職能は必要ないことになる。

曖昧さは美徳か

同じようなことが二〇〇五年に施行された景観法にも言える。公共空間や建物に質的な制限を与えるという革新的な法の趣旨には賛同するものの、この中には、「景観」に対する定義がない。ひたすら「良好な景観」という言葉を繰り返すに留まっている。なにが「良好」なのか、「景観」とはなにを指すのか、については書かれていない。そのあたりは、社会的な暗黙の合意、ということになっている。その暗黙の合意に法的裏付けを与える、というのが景観法の立て付けになっている。

この国の法体系には、根本的な概念を言葉として定義する精神が欠けているのかもしれない。むしろ、曖昧ななかで形成されていく世俗的な空気が、言葉に暗黙の定義を与えているのかもしれない。少なくとも、それを許す風土がある。このことは、明治期にさまざまな西洋文化をとにかく早く取り入れねばならない中で生まれてきた方便なのだろう。走りながら考える、ということか。だからおしなべて場当たり的なのだ。

一度、国土交通省に建築基準法の英語訳を訊ねたことがある。言葉そのままに、「building standard」だとのこと。ちなみに「都市計画法」は「urban regulation」だそうだ。私見だが、「建築基準法」はモノについてのルールだから、抽象概念である「建築」のことを規定していない。だから、本来は「建物基準法」なのだろう。それを社会的責務として法に則って実現するのが「建築士」である、というのは分かりやすい。この場合、さらに言葉を正確に使えば「建築士」ではなく「建物士」となる。

一方で、建築家協会を中心に多くの建築家が求めている「建築家」の職能的な規定、これを実現するには、「建築」とはなにか、を規定しなければならない。その「建築」を社会的に実現する職能として「建築家」がある、という理路がどうしても必要だ。正論を言えば、理念法としての「建築法」があり、その中で「建築」の定義があり、それを社会的に実現するための職能として「建築家」が必要なのだという「職能規定」がある、という構図を採る必要があるだろう。

慣習と忖度の中での定義

こう書いてくると、あえて話を面倒くさくしているような気もしてくる。この国の一〇〇年来の法体系は、言葉を厳密に追いつめることなく、慣習法的な空気を纏っている。アバウトなのである。建築基準法と同じようなことは法全体に渡っているだろうから、いまさら無駄な抵抗をしているようにも思える。そもそも法とは、その程度のことしか規定できない、と思った方がよさそうである。問題があれば、裁判があり、その公判事例を積み重ねることで言葉が規定されていく、という構えだろう。慣習法的な側面がある、と書いたのはそのことだ。

このような法の曖昧さは、何もない日常ではなんとなく機能する。むしろ曖昧さ故の社会的な雰囲気の醸造には、この方がうまくいくような気もする。景観法のように、厳密に言葉を追いつめない方がうまく行く場合もある。最近流行の忖度の仕合いや積み重ねが慣習をつくっていくのだとすれば、見て見ぬ振りをするのも知恵かもしれない。

しかし一方で、東日本大震災のような大災害が起きると、現行の法体系ではまったく手詰まりになるということも頭に置いておかねばならない。わずか十数分足らずで日常が一挙に消滅する、住んでいた街や家が、さらには家族が消えてしまう、というきわめて厳しい状況が突然現れると、とたんに曖昧な法律は機能しなくなる。今時の復興では、あらゆることを現行法の中で解く、という対応が初期段階で採られた。傍らで原発事故が現在進行形で深刻だったから、津波災害に対してはとても新たな手立てを考えている隙間はなかったのではないかと推察する。

結果としてもたらされたさまざまな齟齬や不備は、平時に非常時を議論してこなかったことに起因する。したくても議論のしようがなかった、というのが本当のところかもしれない。言葉が曖昧だからだ。土地や個人の権利の問題、復興の在り方の問題、あらゆることが制度の中で、それ故、法的な建前上は正しく、したがって予算執行上も適正で、しかし本質的には曖昧なまま言葉も実体も放置されてきた。

モノとしての街や家が消滅した地域とはまったく様相が異なる原発の問題も同じである。避難区域にはハードウェアとしての街も家も在るにもかかわらず人だけがいない。事が起きてからうろたえないためには、やはり平時に言葉について議論し、定かなものにしておかねばならない。例えば、「災害」と「公害」の認識の仕方などにも大きな問題が潜んでいるはずだ。

housesとhome

さて、本書でたびたび登場する「住宅」という言葉は何と対応するのだろうか。具体的なモノである「house」を指すのか、より広い概念である「暮らしの場」を指し示す抽象名詞である「home」なのか、ここにどのような違いがあるのか、この際、本当は思考しておく必要がある。復興では、行政は「house」を与えることに必死だった。しかし、今から考えると、多くの人が本当に求めていたのは「home」や「home town」だったのではないか。

「家」と「家族」の問題もある。一般常識として「家族」という言葉はよく使われるが、そんなものはもはや存在しない、と言うと決まってキョトンとした顔をされる。明治憲法下では婚姻同意権や財産処分権として戸主に対して具体的な力が規定されていた。確かに実態としての「家」が存在していたのである。

しかし、進駐軍が最も解体したかったことのひとつが「家」だった。この社会の最小単位のシステムが、全体主義に至る旧体制の元凶だと考えられていたからだ。したがって、新憲法下では法に裏付けられた「家」という言葉はどこを探しても存在しない。保険行政で、何となく一緒に住まっている人たちを指す「世帯」はある。しかし、「親族法」によって社会契約上の「夫婦」や「親子」は存在するが、「家」という言葉はどこにも存在せず、それ故「家」の「族」である「家族」は存在しない。

では「家」のない時代の「住宅」とは何か。「世帯」という緩やかな共同体が、「住宅」というハードウェアを満たすものとして広がり、社会の最小単位となっていくのだろうか。これも問われねばならないだろう。

明治以降の住宅や建築を巡る輸入文化を総覧する本書を読んで、あらためてこれからやって来るはずの大災害のことを思い浮かべた。「明治一五〇年」、本書でもたびたび出てくる言葉だが、それこそスクラップ・アンド・ビルトでつくり上げてきたこの国の文化も制度も、賞味期限を過ぎつつあるように見える。東日本大震災と福島の原発が提起したのは、まさにこの問題だったのではないか。

この国の建築や文化を再構築せねばならない時期に差し掛かっているとの思いを強くした。

建築と時間

時間という魔物

われわれは様々な重層的な時間を受け入れ、それらを受け入れるチャンネルを切り替えながら日々を生きている。

身の回りにはさまざまな時間が紛れ込んでいる。一瞬、一日、一週間、季節の移り変わり、一年、そういう慌ただしい時間を、区切ったり切り替えたりして生きている。そして、ときたま自分の歳を思い出して、七〇年前後という人生の時間に思いを馳せたりもする。さらに、世相の移り変わりや歴史を通して時代というより長い時間を思い浮かべたりもする。また、温暖化や自然の変化を通して地球の過ごしている悠久の時間に想いを馳せることもできる。

日常生活を眺めてみよう。家具には家具の過ごしている時間がある。家の外を眺めれば、庭には庭の時間がある。それを取り囲む隣近所には、その集団の時間があり、街には街の都市には都市の時間がある。さらに大きな自然には自然の時間がある。そして、これらの中間項に建築の時間がある、と考えてみることもできる。

あらためて考えてみると、われわれはこうやってさまざまな時間に取り囲まれて生きていることが分かる。ここまでは、誰もが了解するであろうごく平凡な時間に対する感想である。

これを建築に結びつけて論じることも出来るが、それではあまりに倫理的で修身のような論になってしまう。たとえば、建築にとって時間は重要であり、それ故、時間に耐える力こそが力を注ぐべき対象であり、かつてルイス・マンフォードが唱えたように社会資本の蓄積こそが使命であり、建築家には当然のことながらそのための規範が求められる。こんなところだろう。これはいかにも正しいけれど面白くない。このあたりに関しては、本項を読まれる方たちはすでに了解済みだろうから、あえて論ずるまでもない。

ここでは、可能な限りその枠組みを外れてみることを試みたい。

たとえば、われわれは日々、色々な情報に晒されて日常生活を送っている、と考えてみる。ツイッターをやり、メールを書き、TVを見、新聞に目を通し、週刊誌を眺め、本を読む。それらのメディアは、それぞれ異なる時間の位相を持ち込んでくる。瞬く間に消えていく情報から、長く蓄積していく情報まで、これらを頭脳という限られたハードディスクに蓄積していかねばならない。これはなかなかたいへんだ。だから、それぞれ異なる耐久性、消滅するまでの時間割、すなわち時間の係数が被せられている。情報の質によって蓄積する仕方は異なる。

人は、すべてを記憶しては生きていけない。すべてのことを忘れずに記憶している、もしそんなことが可能な人が居たら、すぐに発狂してしまうだろう。オルダス・ハクスリーは、『知覚の扉』で、「人は視覚を中心とした自らの器官を、生存するために進化させてきたはずだ。だから、本当はわれわれはもっと多くの情報に取り囲まれて生きているはずで、日常に於いてそれらを捨象しているだけだ」と説いている。

同じことが、身の回りに紛れ込む時間についても言える。さまざまな質の時間を切り替えながら、そして忘れながら、われわれは日常生活の時間を組み上げているのである。すなわち、われわれは必要な情報だけを取捨選択して、忘れながら生きている。その消去の仕方、すなわち忘れるための方法として、時間が深く関与していることは言うまでもない。

建築はいつも人の暮らしの傍にいる。だから、このように考えていくと、建築にまつわる時間の姿も見えてくる。

雑多な時間の織物

建築もまたさまざまな時間を引き受けながら、ある時はそれを取捨選択し、組み合わせ、あるときは忘れ、ひとつの時間を生み出している。

素材を選ぶとき、ディテールを練り上げるとき、防水について考えるとき、建築家は同じ時間を相手にしているわけではない。多くの場合、その都度時間のことを思い浮かべるが、その時間の長短はバラバラだ。ものの軽重によって順番を付け、不要なものはうまく忘れていければよいのだが、忙しくなってくるとそれが難しくなる。そうなると、頭の中は散らかった部屋のようになってくる。コントロールできなくなっていく。多くの場合、無数の情報の集積である建築は、こうした状態を受け入れねばならない。

もし、建築を空間という尺度ではなく、時間という尺度で眺めることができたなら、その姿は混乱状態そのものだろう。

たとえば、アルミサッシそのものは一〇〇年以上そのままだろうが、パッキングのゴムが充分に性能を発揮しうるのは一〇年から二〇年だろう。そのサッシと建物躯体と仕舞いをつけるのはコーキングだが、コーキングが期待どおりの性能を保持しうるのは一〇年がいいところだろう。建物は数百年耐えうるような構えでも、シート防水が保証する耐久性は最大で数十年だ。このように、わたしたちは設計の中に無造作にこれらの時間を組み合わせ混在させている。

この状態を補完しているのが、人の手によるメンテナンスだ。時間係数が短い部位、すなわち耐用年限が短いところに手を入れて、建物全体の時間を担保しようとする。ＬＣＣ（ライフサイクルコスト）が近年強く言われているのは、バラバラに組み上げられた時間を補完する方法だ。しかし、まったく別の考え方もある。

ヘンリー・フォードの逸話が残っている。Ｔ型フォードの車のある部品の不良が発覚した時、その耐久性が問題になった。その時、その部品の耐久性を上げるのではなく、それに合わせて他の部品の耐久性を落とす、という決断をしたという。つまり、低い方に時間のオーダーを揃えたわけだ。あやしげな逸話だが、近代の生産システムの本質を突いている。つまり、時間に対する態度だ。時間を高度に計画に組み込めば、こういうことになる。より長い時間を求め、時間と共に価値が高くなっていく、などという建築の美徳とは正反対のものの考え方だ。

もしも、近代建築、モダニズムという建築形式が、自動車ほど厳密な生産品であったなら、このような設定の仕方もあったろう。コルビュジエが「住宅は住むための機械」とまで言い切ったのは、このような在り方を理想としたのだろう。そうなれば、建築の在り方も本当に自動車に近いものになったかもしれない。設定された所定の時間が経過すると、建物が一気に壊れる。使い物にならなくなる。そのような建物で出来た都市や風景を思い浮かべることは、それはそれで楽しい。建物が人と同じようにかなり正確に有限の時間に支配されていたのなら、街の新陳代謝をより計画的に組み上げることが出来るだろう。未来という時間を、より正確に計画の中にプログラムすることができるかもしれない。

しかし、残念ながらそうならないのは、建築は工業製品のように厳密ではないからだ。建築というのはきわめて曖昧な存在だ。文化や人の心理という不思議なマーケットを相手にしている。人は、住宅を手に入れるとき、マンションの住居を手に入れるとき、それを永遠のものと勘違いしがちだ。売り手は、あたかも永久普遍に存在するかのような像を描き出し、商品に仕立て上げ、貨幣価値に置き換えていく。時間の幻像を生みだし、幻の物語を捏造し、それを消費者に信じ込ませ、売りさばく。

端から冷静に見ていると、いかにも分かりやすい仕組みだ。供給する側が買い手を騙しているようにも見えるが、買い手も騙されたがっているようにも見える。真実などどうでもよい。つくり出された物語の中に居ることが、手に入れたい未来なのだ。それに金を払う。ディズニーランドと同じだ。しかし、その夢を無下に否定する気にもならない。それは資本主義社会そのものの姿だと言ってもよいからである。時間捏造ゲームに乗るのか乗らないのか、資本主義の申し子である消費社会、とくに大衆消費の社会は、あらゆる局面でそれを問うてくるのである。

白について・モダニズムの時間

もはや、近代建築はわれわれの身の回りを埋め尽くし、それによってわれわれも生かされ、日々設計している内容も、近代建築かどうかは別にして、近代的な技術によって生み出されたものにほとんど依存している。

それ以前のことを少し思い出してみよう。もともと建築は時間が顕現したものと考えられてきた。どんな人でも限られた時間しか生きられない。それ故、権力者は自らのモニュメントとして建物を建ててきたし、永遠の時間を想起させるものとして宗教施設を造ってきた。有限の存在である人の時間を超える術として、特に権力者にとって、建築はそのためのほとんど唯一の手段として重宝されてきた。

近代建築の真の凄さは、これを否定したところにある。近代そのものが神を否定した軌跡に符合するように、近代建築は時間を否定したのである。それは父親を否定する青年の志のように、若々しく、輝かしく、情熱的で、可能性に満ちていた。これを新しい時代の新しい姿として、多くの人が受け入れたのである。それ以前の時代、建築にとって、大地は母であり時間は父であった。近代建築は、それを二つとも否定し去ったのである。ピロティは大地に縛られない建物の姿であり、白い建物は無時間を意味する。

近代建築にとって、足下にまとわりついてくる大地は煩わしいだけの存在であり、時間のことを書くことはタブーだった。近代建築のテーゼを要約すれば、「時間(四次元)を無いものとすれば、空間(三次元)はこれほど自由になる」ということになる。そんなことは直接的には書かれていないが、注意深く見れば、近代建築が大地や時間に対して言及することを注意深く避けているのは誰の目にも明らかだ。

このあたりは、実に分かりやすい図式なのだが、二〇世紀はそのことを真剣に論じた形跡はない。時間についてはまるで言及されることはなかった。ということは、時間に対する意識こそがこの世紀の建築を巡る巨大な無意識だったということもできるのかもしれない。

このことは白い建物に象徴的に現れる。サボア邸、ファンズワース邸、二〇世紀モダニズムのシンボルだったこれらの建物は「白い」。ウエディングドレスがそうであるように、古今東西、白は汚れ無き純血や純粋さを表現する。しかし、白は次の瞬間から汚れていくのである。一日後、一年後、一〇年後、一〇〇年後、白は時間を刻みながら汚れていく。白は、塗り替え続けなければ、生まれた当初の価値を保持し得ない。白は白であり続けることはできない。その意味で、白を使うことは、時間を捨象することに他ならない。

金利の時間

「建築の時間はどのように生み出されているのか、それは日銀の公定歩合である」と突拍子もないことを書いたことがある。バブル経済の最中のことだったと思う。当時、こんなばかげた言い草には誰も耳を傾けてくれなかった。しかし、この言葉は実感から発せられたものであって、なにも特異なことを言ったつもりはない。

公定歩合が上がれば、銀行の金利が上がる。そうすると、土地に貸し付けた、あるいは土地の担保を原資とした開発は、それだけ早く利益を回収しなければならなくなる。ひと月でも早くつくる、一日でも早くつくる、そして売る。プロジェクトを速く回せば回すほどそれだけ利益を得ることになる。建物は、投機対象だから、早くつくるに越したことはないのである。

この状態が過剰なまでになったのが、バブル経済の時期であることは言うまでもない。そして、建物それ自体も投機対象なのだから、すこしでも転売しやすいように、分かりやすい価値を求めるようになっていく。建物が異様な意匠を纏ったり、オーバージェスチャーな形態が主流になったのもそれ故である。建物の仕上げや形が無理をしていて、たとえ短い時間しか存在しなくても、そんなことは気にしない。転売しやすければ、それでよいのである。建築をつくる時間は、質を置き去りにして、あるいは金に飽かせて、そして、とんでもない無理をして短くなっていった。これは、あの時代の実感としていまだに脳裏に残っている。

時間の経過と共に価値が増していく、耐久性こそが建築の基本的な価値である、というような建築の在り方は、ばかげた前近代的な時代遅れの考え方になっていった。建て主はそんなことは求めていなかったのである。すべては、時間が短い方が望ましい。短い方が利益を生む、したがって価値が高い、ということになった。そうして建物が生み出されてから過ごす時間も短くなっていく。

この時期、一世を風靡したポスト・モダニズムの建築言語は、この構図に誠にうまくはまっていた。建築は短期間の消費にかなう商品となり、売り買いできるものに変容し、建築的な価値は隅から隅まで消費されたのである。世の中の倫理的な土台も建物の時間も、元を正せばこのようにして日銀の公定歩合が決めている。もちろん、こんなバカげた世相に抗う人たちもいる。どちらかといえばわたしもこうした趨勢に抗うタイプの建築家だが、世相とは外れているのでいきおい冷や飯を食うことになる。

それでは、金利が低くなれば、つまり世の中の回転速度が遅くなれば、インフレ傾向ではなくてデフレ傾向の社会であれば、建築の価値の在り方は良い方に向くのだろうか。人々の目は目先の分かりやすい価値から、遠くを眺めるような穏やかなものになるのだろうか。ところがそう単純にはいかない。身の回りの時間は、違った方面から、加速度的に短くなってきているからだ。

デジタルな時間

世は情報革命の中にある。この傾向はあと数十年は続くと言われている。身の回りの時間は、どんどんデジタル化された時間に刻まれていく。一九六〇年代にインテルの創業者の一人であるゴードン・ムーアは、コンピューターの処理能力は、一八ヶ月で倍のスピードで進化していくと予想を立てた。これはなんの根拠もない予想だったから、その後一八ヶ月は一四ヶ月になったり何度か修正されたが、このゴードン・ムーアの法則は、大勢としていまだに命脈を保っている。それどころか加速すらしている。

アメリカの科学評論家のカーツワイルは、これに収穫仮説なるものを被せて、二〇四五年問題を提唱している。この年、すなわち三〇年後には、人類の頭脳総てを合わせたより多くの記憶素子を持ったコンピューターが現れるというのである。夢のような、否、悪夢のような話だが、いまや奇妙に現実味を帯びてきているところがおそろしい。

仮に一年に倍のスピードで進化するとしたら、一年目には二の一乗、一〇年目には二の一〇乗、三〇年目には二の三〇乗倍の進化となる。二の三〇乗倍とは、一〇億倍ということになる。今現在皆さんの手元にあるコンピューターに三四年かかる演算を入力したとして、それが一秒で答えが出る、という能力である。こう考えれば、カーツワイルの言っていることもリアルに思えてくる。

いずれにせよ、スマートフォン、メール、CG、BIM、現在、最新鋭の目新しい道具として使われているものたちも、どんどん時代遅れのものとして陳腐化していくだろう。一〇年後ですらどうなっているか分からない。

人間は世代を重ねてゆっくりと進化してきた。問題は、この人間が生み出したコンピューターの進化スピードと人間の進化スピードがどんどん乖離していくということだ。数百万年をかけて進化してきた人間は、そうすぐには変われない。「この乖離を日常生活において埋め合わせる役割」を担っているのが、デザインであり建築であり都市なのではないか。

身体を持つわれわれは、アナログで、不可逆的で、それも老いを伴う限られた時間を生きている。どんなに電脳化された未来でも、所詮、建築の役割は「身の置き所」を作る仕事であり続けるだろう。相手にしているのは、地球の自転によりもたらされる一日という時間であり、公転によってもたらされる季節である。また、地球の大きさによってもたらされる一Gという重力場にどのように抵抗するか、雨露を防ぎ、変化する空気環境からどのように三六度前後の身体の温度を保つか、の形式であることに変わりはない。

建築の時間

資本主義経済が生み出す「金利の時間」。情報化社会が生み出す「デジタルな時間」。建築をめぐる時間はこれらに切り刻まれていく。現代を生きる以上、これも仕方のないことである。

こうしたことを考えると、建築がかかわる原始的でアナログな時間という要素は、分が悪いように見える。しかし、よく考えてみれば、われわれは頭脳だけで生きているわけではない。脳は体の上に載っかっているのである。どんな電脳時代が訪れてこようと、身体を贖う場はそれだけ重みを増してくることが予想される。

身の回りはどんどんデジタルな時間で刻まれていくが、その一方で「身の置き所」はより重要さを増していくだろう。心は、身体とともにあるアナログな時間を求めていくはずだ。建築本来の価値は、太古より引き継いできた身体を贖う場所として、より重要な役割を果たすことになるだろう。また、そうあってほしい。しかし、これは多分に希望が混ざった楽観的な予測だから、外れる可能性も高い。

そのための準備として、わたしたちはわたしたちの中にある時間の記憶を再確認しておく必要がある。人それぞれ生きてきただけの時間の記憶がある。そして、それはそれぞれまったく違うものであるはずだ。建築家が、設計する建物の中に生み出す時間があるとすれば、それはその記憶を頼りに計画の中に再現していくしかないわけだから、建築家の最大の能力、もし才能と呼べるような種類の能力があるとしたら、それはその人の中に蓄積された時間のイメージの強度や質そのものにあるのではないかと思う。

グローバルに広がる資本主義と、つまり金がすべてという社会と、情報革命が生み出す電脳社会、それらが組み合わさって建築の時間を切り刻んでいく。建築の設計を突き詰めて見れば、それはつねに未来に向けて新たな時間を生み出そうと努力するということができる。しかし、生み出せども生み出せども、産み落とされた瞬間から刻まれていく。それが今の現実なのではないかと思う。これは戦いなのだ。

あらゆる時間に対するセンサーを磨くこと、自らの内にある体験や記憶を、すなわち時間に対するコンテンツを、より強固なものに築き上げていくこと。それらが建築の設計により強く求められる時代になってきているのではないかと思う。このことをリアルに思い出させてくれたのが3・11である。

三陸の時間、福島の時間

3・11という突然の事態を前にして、時間に関する意識を今一度取り戻さねばならない時代を生きているのではないかと思う。

冒頭で、「われわれは様々な重層的な時間を受け入れ、それらを受け入れるチャンネルを切り替えながら日々を生きている。」と書いた。これにはやや自嘲的な意味合いも含まれている。わたし自身、「慌ただしい時間を、区切ったり切り替えたりして生きている」わけだが、この身勝手な要領の良さに自己嫌悪に陥ることもある。切り替えてはいけない時間のチャンネルもある。

三陸に通う日々が続いている。あの地域では多くの街で、わずか一〇分ほどの間に、暮らしていた日常風景が根こそぎ失われた。「ある」という状態から「なにもない」状態へ変わったのである。失われたものを呼び覚ます手掛かりすら失われた。目の前にある風景のチャンネルが、突然切り替えられた。そうすると、頼りになるのは記憶だけである。無数の記憶がそれぞれの人の脳裏に浮かび上がる。それは目に見えない風景の壮大な集合体のようなものだ。言葉にならない叙事詩のようなものだ。昨日を思い出し、一年前を思い出し、さらには一〇〇年前を思い出す。その反芻の果てに、多くの人たちがこれからの未来を思い描こうとしている。

残念ながら、行政的に期限を切られている復興計画は、こうした思いを受け止める仕組みにはなっていない。少しでも思いを受け止めながら、それでも前に進まざるを得ない。とても及第点はもらえないだろう、という忸怩たる思いを復興に当たるほとんどの人が胸に抱きながら、少しでもましなものを、という気持ちで取り組んでいる。過去の時間、未来の時間、悠久の時間、さまざまな時間がつなぎ合わされず不連続で不整合なまま散在している。この現状にはかなりつらいものがある。

だからといって、チャンネルを切り替えてはいけない。あきらめたら終わりだ。頭の中に立ち上がった無数の記憶は、これからやってくる未来の時間のなかに融け合っていくはずだ、という想像力を持ち続けるべきだろう。復興はこれから徐々に建築へと移っていく。個々の住宅、さまざまな施設、それらは新たな時間の発生装置だと考えることが出来る。だからその在り方は、現実から切り離されたものであってはならない。あるいは過去や未来の時間から切り離されたディズニーランドのようなものであってほしくない。そう願っている。

福島では、目の前に日常の街があるのに、そこに住むことが出来ない、という三陸とは異なる失われ方をしている。このつらさは想像を絶する。「ある」のに、人間だけが取り除かれている。その街での暮らしを思い出す手掛かりは有り余るほどあるのに、思い出す主体だけが理不尽にもその未来に関与できない。つまり、未来の時間を紡ぎ出すことを拒否されているのである。

おそらく、空間への参与から拒否されるより、時間への参与から拒否されることの方が厳しい。三陸では、街という具体的な空間が災害によって奪われた。しかし、そこには未来の時間を構築するという時間への参与が許されている。福島では、空間はそのまま「ある」にもかかわらず、これからの時間への参与が拒否されている。退去を命じられた方たちは、目の前に暮らしの手掛かりがあるのだから、容易に時間のチャンネルを切り替えることなど出来ない。

時間について、これらから学ぶことは多い。

建築は長い間、近代という仕組み、資本主義と消費社会という仕組み、高度情報化社会という仕組み、これらに流され、果ては組み敷かれてきたと言ってもよい。これらのどれもが、時間を疎外する構造を持っている。

したがって、時間を建築の中に取り込もうとすることは、先に述べた仕組みやそれに裏打ちされた社会制度すべてを相手にして戦わざるを得ないことになる。これは直接関わっている三陸の復興の果てしなく続く負け戦から、日々わたしが学んでいることである。

時間を旗印にするとしたら、完全にとまでは言わないが、それはかなりの程度、近代を否定することであり、資本主義と消費社会を否定することであり、情報化社会をも否定することでもある。時には国という仕組みをも否定することにもなる。

それを知った上で、それが未来に向けた壮大な試みであるのなら、要領よくチャンネルを切り替えないという覚悟があるのなら、時間を設計の正面に据える試みは是としたい。そこに新しい時代の建築像や建築家像が生まれるのかもしれないからだ。

3・11から5年

生存を賭けた個性的な戦略を

いまはまだ未来を展望するには早すぎるような気がします。福島は先が見えない日々が続いています。三陸の復興はいまだ現在進行形です。二〇一五年一二月の岩手県のデータでは、復興まちづくり事業の五割程度が達成されたに過ぎません。まだ道半ばです。取り組みしだいで、吉と出るか凶と出るか微妙な時期にあります。市街地の建設はほとんどの市町村がこれからであり、どれだけの人が街に戻ってきてくれるのか、いまからが正念場でしょう。

被災地の多くはただでも人口減少が著しい場所でした。二〇一四年一月、岩手県の大槌町は他の市町村に先駆けて人口予測を公表しました。それによると、五年後くらいに屈曲点があり、そこから先は全国平均を遥かに超える速度で人口減少が進み、二〇四〇年には被災前の半分にまでなる予測です。

委員会の席である地元委員から、そうならないために委員会をやっているのではないか、どうすればそうならないか教えて欲しい、と詰問されて返す言葉がありませんでした。まちづくりが進まなければ、そして未来への希望を提示できなければ、さらに減少傾向が加速されるでしょう。

だからこそ知恵が必要なのです。しかし、目の前の現実は、防潮堤、高台移転、区画整理事業、といった紋切り型の復興のメニューでなされています。国主導による復興という巨大な歯車が、止めようもなく回り続けています。

どの市町村でも同じようなことが起きてくるはずです。だからこそ、これまで以上の工夫がいるのです。紋切り型の復興モデルに乗っただけの市町村は、数年後に復興事業が終わった段階で厳しい現実を突きつけられるはずです。その街なりの生存を賭けた個性的な戦略を見いだしてくれることを祈るばかりです。

「張り子の虎」の危うさを忘れずに

被災後の二〇一一年四月から岩手県の津波防災技術専門委員会という長い名前の委員会の委員を務めています。防潮堤の高さを決める委員会です。この間、一六の委員会の委員になりましたが、わたしの知る限り被災後もっともシビアな委員会でした。隣の席は津波がご専門の東北大学名誉教授の首藤伸夫先生でした。わが国における防潮堤のそもそもの歴史から、三陸の津々浦々の事情にまで精通されている先生の発言はどれも貴重なものばかりでした。わたしは二年近く、隣の席で先生から津波の特別授業を受けたようなものです。みなさんにも知っていただきたいのでその一端を書きます。

首藤先生が繰り返し述べられていたことは、今でも脳裏を離れません。「津波は個別的である」「同じ津波は来ない」、震源域や到達角度によってまるで振るまいが変わるのです。到達時間も変わります。

また、「メンテナンスされていない防潮堤は張り子の虎だ」とも言われていました。防潮堤は表面をコンクリートで覆っていますが、中は土です。長い年月の間に、見えないところで内部の土が流出したりすると、防潮堤は張り子の虎になってしまう。容易に破壊されてしまうのです。

二〇mを越えるような巨大な津波は、数世代をまたぐ長い歳月を経てやってきます。寺田寅彦が言ったように、天災は忘れたころにやってくる、のです。巨大津波を完全に防ごうとすれば、二〇mを越える長大な防潮堤を築かねばならなくなります。一方で、これを数世代もの歳月をかけてメンテナンスし続けねばならなくなります。そんなことは不可能です。

結局、仕方なしに便法としておおよそ一〇〇年周期の過去二番目の最大津波(通称L1、level 1の略)ぐらいは防ごう、ということになりました。妥協の産物です。いまでも地元住民の方から、防潮堤なんていらないんじゃないか、という話はよく聞きます。しかし、委員会で地元自治体の意見を聞いたときには、ほとんどの市町村が、完全に防げる防潮堤を作って欲しい、とかなり強硬に要望した経緯があります。防ぎきる、防いだつもりなる、というのは誤りだ、という首藤先生の発言の多くは、その際に語られたことです。

一方で、いざ防潮堤が出来上がってくると、その巨大さから関係者の多くは完全にこれで防げる、という気持ちになってきています。とりあえずの便法だとしてあれだけ喧伝したのに、わずか数年で人々の気持ちが風化してきているのです。一〇〇年は長い。この歳月の間には、まったく異なる認識になっているのでしょう。寺田寅彦の言葉は生き続けるのでしょうか。

パール・バックの絵本の教え

建築や都市にもつながるきわめて本質的な問いかけがここにはあります。結局は自然に対する考え方の問題なのです。自然に対して畏敬の念を持ち、それと付き合うように人の営みをつくり上げるしかないと思うのですが、現代はそれでは用が足りない、というところに深い矛盾が潜んでいます。

一番良いのは、津波が到達しない山側に住むこと、災害に合わせて街をつくること、災害に備える生活ノウハウを蓄積すること、長い年月津波の恐ろしさを伝えていく防災文化を育てること、これしかありません。これも首藤先生からの受け売りですが、これらのあらましは、一〇〇年前の明治三陸大津波の後に出された文部省の通達の中にすでに書いてあります。それが生かされなかっただけのことです。人は忘れ、同じ事が繰り返されるのです。

一方で、これを地域に生きる諦念や死生観ととらえることもできます。岩手県北部の野田村との付き合いが続いています。ある日、村長の小田祐士さんと長い時間打ち合わせした後、村長が天井を見上げて、われわれはこうやって生きてきたんだよなー、と言われたときのことが忘れられません。こうやって、とは、海の恵みをいただきながら、時に被害に遭いながら、ということでしょう。海とともに暮らそうとすれば、海に近いところに住みたい、というのが人情です。人は忘れながら、こうやって、生きていくものなのかもしれません。

『大地』という長編小説を書いたノーベル賞作家のパール・バックが、『つなみ THE BIG WAVE』という題の絵本を作っています。彼女は日本で暮らしたこともあり、明治三陸の津波を題材にそこにたくましく生きる子供を描いています。その見方は野田村の村長の感慨につながるところがあります。

復興の「三種の神器」への私見

復興の三種の神器は、防潮堤、高台移転、被災した市街地の区画整理事業、この三つです。すでに動いてしまっている現状を批判するつもりは毛頭ありませんが、今後に生かすためにも私見を述べておきたいと思います。

先にも述べたように、防潮堤は巨大津波以外の津波を防いでくれるでしょう。防集(防災集団移転特別処置法)による高台移転、これも必要なことです。でも場所によっては無理があります。適地が見つからずあまりに海から離れてしまうと、やがて海の近くに戻ってきてしまうでしょう。また、移転する方の多くは高齢者です。街から遠くなりすぎると問題です。難しいことも増えてくるはずです。そして、二〇年後、三〇年後、かなりの開発費でつくったその団地がどうなっていくのか心配です。

最大の問題は区画整理事業です。後藤新平が指揮を執った関東大震災後の復興事業も、石川栄耀が指揮を執った第二次世界大戦後の戦災復興事業も区画整理事業でした。大きな災害があると区画整理事業、ということが定番になっています。しかし、これはおおいに疑問です。

区画整理事業というのは、行政的な手品のようなものです。簡単に言えば、散らかった市街地の土地を整理整頓しましょう。整理すると土地の値段が上がるので、その分だけ再配分する土地を少し小さくしてもらうと残余地が出て来るので、これを道路や公園などの公共に提供しましょう。こういうシナリオです。つまり、土地の値段が上がることが事業の前提なのです。人口密度が高い市街地なら分かりますが、人口密度が低くさらに人口減少が予測される被災地の埋め立て造成で、はたして成立するものなのでしょうか。

さらに土地関係の権利を調整するのに多大な労力を要するので、合意形成に時間がかかります。普通の市街地でも数十年掛かることもあります。つまり、平時のまちづくりには適しているかもしれませんが、最短の年月で対応を迫られる非常時には問題があります。これしかないので、やむを得ず使われた制度的な道具なのです。

三種の神器は矛盾だらけです。そもそも、高台移転で人口密度を減らした市街地を、完全に防ぐとは保証しきれていない防潮堤で守っているわけです。防潮堤はいったい何を、そして誰を守っているのでしょうか。これから起きてくる東南海大地震や首都直下大地震、さらには火山噴火などの大災害に備える意味でも、非常時に対応するための法の陣立てを、つまり次世代に渡す「新たな三種の神器」を用意することが急務だと思います。

「引き波に備えよ」という文が二〇一一年五月の『新建築』に掲載されました。とても説得力のある文章でした。書いたのは東北大学准教授の本江正茂さん。本江さんが訴えたのは物理的な「引き波」のことではありません。人々の関心、建築や都市の専門家たちの関心、とりわけ都会の人たちの関心が遠のいていくことへの警鐘でした。引き波は速いのです。瓦礫が取り除かれるに従って、「被災の風景」から「復興の風景」へと変わっていきます。津波の記憶も遠のいていきます。まさに、本江さんが危惧したとおりのことが起こりつつあるのです。

この列島は、豊かな自然に恵まれていると同時に、常になにか起きてくる場所です。自然の恩恵に感謝しつつ、その恐ろしさも気持ちの奥底にわきまえておく必要があります。まだ防災に対する有効な技術を持ち合わせていなかった先人たちは、それを文化の中で昇華させてきました。われわれは近代的な技術や制度を手に入れましたが、それには限界があります。人々の暮らしとともに在るのが建築・都市・土木です。風土と共に生き、風土に対する深い理解を文化の根底に据えることが減災につながり、未来を切り拓く糧となるはずです。このことが、わが国独自の、そして世界に誇りうる自然と共に生きる建築・都市・土木の新しい姿を生んでいくはずだと信じています。

歴史・文化・風土とともにある建築の姿

コロンビアは大きな国である。日本の三倍の国土があり、巨大な南米大陸の北側に大きな一画を占め、太平洋と大西洋に面している。北はパナマ、南はブラジルとペルー、西はエクアドル、東はベネゼエラに接している。赤道が国土の南を横切るから熱帯ではあるが、高い山脈地帯がかなりの面積を占めるので、場所によってはとても過ごしやすい。

わたしが知っているのは首都のボゴタとメデジンだけだから、日本で言えば東京と大阪だけ知っている、ということになる。わたしの知らない膨大な国土のコロンビアがあることを言っておかねばならない。一日のうちに四季があるといわれるボゴタと、常春の街といわれるメデジンは過ごしやすい山岳地にあるので、海岸地方の気候風土はよく知らない。だから、ガリシア・マルケスの小説をもとにした「大きな翼を持った老人」という映画を見たときは、その海辺を舞台にした湿度たっぷりの映像にたいそう違和感を覚えた。

わたしとコロンビアとのつながりは、幾重かに重なっている。二〇〇三年、フィンランドで催された第九回アルヴァ・アアルトシンポジウムでロヘリオ・サルモナと出会ったところから始まる。サルモナはアアルト賞受賞のため、わたしは講演者のひとりとして数日間一緒に過ごした。

サルモナも夫人のマリア・エルビラもわたしと同じで英語を話すのが嫌いなようで、多少なりともスペイン語が話せるわたしがなんとなく行動を共にすることになった。背が低くガッシリした体躯のサルモナは、口数が少ない巌のような人だが素朴で温かい人柄ですぐに親しくなった。

彼の建築は、コロンビアの風土に深く根ざしている。ル・コルビュジエのアトリエに勤め、帰国してからは身につけたモダニズムを振り払うように、独自のオリジナリティを風土とともにある建築に求め続けた。会話からはコルビュジエについては批判的であったように思う。

それから三年、サルモナと再会することになる。当時勤めていた東京大学の国際交流事業で、コロンビアと大学間の相互交流が始まり、その縁でメデジン市に建てようとしている図書館の設計が大使館を通して大学に依頼され、それをわたしの研究室が引き受けることになった。

不思議な縁を感じつつサルモナに連絡を取ろうとしても連絡がつかない。そうこうしているうちに、サルモナの体調が良くない、という情報が入ってきた。すでに親しくなっていたフランシスコ・シエラ在日コロンビア大使も、顔をしかめてつらそうな顔をするばかりだった。

その後、メデジンの現地に向かう途中でボゴタに滞在することにしたのだが、サルモナが会いたいという。再会したサルモナは、極端に痩せ、杖をつき、別人のようになっていた。その日も病院から出てきたのだという。なぜこんなことを書くかというと、この日のサルモナのことが、コロンビア建築の精神の核心にあるように思えてならないからだ。夫人と周囲の反対を押し切って、自分の設計した建物を直接説明したいという。住まいである超高層アパートのトルレス・デル・パルケのロビーではボゴタの気候のこと、ヴィルヒリオ・バルコ図書館では夕日が入ってくると空間がどのように変わっていくのかなど、息を切らしながら熱く語った。

コロンビア国立大学人間科学研究科大学院棟の施設ではハプニングがあった。訪れたとき、床のタイルの一部を補修工事していたのだが、その素材が彼が使ったものと微妙に違うことを発見して、当局者に抗議する一幕となった。体調がかなり悪く、携帯用の椅子に座り、とても疲れている様子は心配になるほどだったが、一切妥協をしない。建築家としての信念を貫き通そうとするその様は感動的だった。彼にとっての建築は、まさに命をかけた挑戦だったのだろう。サルモナはその一年後に亡くなった。

われわれのプロジェクトは紆余曲折を経ながらも急ピッチで進んだ。当時メデジン市長だったセルヒオ・ファハルド氏の強力なリーダーシップのもと、教育政策でテロを克服する、という大きな理想を掲げて進められていた。子供たちの教育環境を改善することで都市を変えていこうとしていた。都心の周辺市街地を五つのエリアに分け、そのひとつひとつに図書館を建てつつあり、メデジン市ベレン公園図書館はその最後の締めくくりとなるプロジェクトだった。

はじめてメデジンを訪れたとき、街中の小さな公園に昼間から多くの人が何をするともなく集まっている光景が目に入った。大きな木が木蔭をつくり、中央には小さな池と噴水がある。一年を通じて二五度前後の気温、高度が高くて日射しが強く乾燥している。だから、日陰があって水面があれば、人は自然と集まってくる。

わたしが建物をイメージする以前に考えたのは、強いイメージをもった広場をつくるということだった。スペインの文化が残っているので、彼の地のプラザマジョールのような矩形の広場に対する違和感もないだろう。常春の街なのだから、快適な外部空間さえあれば年間を通じて人が集まってくるはずだ。それが作れれば、プロジェクトが置かれた過半の使命を達したことになると考えた。よく考えれば、サルモナの設計した施設にもこれらの要素がちりばめられている。光と影、水、半外部空間。わたしたちの提案は、これを単純化し、強調したに過ぎない。

中央に水を満たした矩形の広場があり、それを取り囲むように日射しを遮る回廊があり、図書館などの施設は回廊を取り囲むように配置した。風土から演繹したあたりまえのことの延長上に、これまでにない新しい外部空間を作ることができた。ボゴタや他の地域なら、別の答えの出し方になったはずだ。それ故、メデジンの気候風土でしか成立し得ない空間ができたのではないかと思う。

結果は大成功だった。出来上がって八年が経ち、一昨年訪れる機会があった。驚くべき数の多くの人がこの施設を利用し、愛し、周辺の街が変わりつつあることを実感した。うれしいことにメデジン市ベレン公園図書館はこの地域の名物になりつつある。

コロンビアは幾多の問題を抱えているが、基本的に豊かな国であり、歴史と文化があり、われわれのような異邦人を歓待し、プロジェクトを共にすることができるような開かれた国である。わが国と大きく違うのは、街ゆく普通の人が建築という価値と建築家という仕事に大きな敬意を持っていることだ。サルモナをはじめとするコロンビアの建築家たちの長年にわたる努力が、その信頼関係を築き上げたのだろう。これこそが風土とともにあるコロンビア建築の見えざる最大の個性なのではないかと思っている。

空間のビジョンを創るということ

建築家という仕事の深奥は空間のビジョンを創ることだ。来るべき近未来、新しい時代の質感、それらが空間のなかに創り出せるか、それしかないと思っている。自分のつくっている空間に逡巡すると思い出す空間がある。マイレア邸のなんともいえぬ温かな空間だ。

あの空間を初めて見たのはもう二〇年も前のことになる。もともと積極的に建築を見て回ることをしないから、建築家としてはずいぶん遅い出会いだったといえる。見に行くときは、こちらが求めるところがあるわけだから、そのぶん出会いが鮮烈なことも多い。あの頃、突然アルヴァ・アアルトの建物を見て回りたくなった。ヘルシンキでレンタカーを借りてまだ雪が残る早春のフィンランドを見て回った。どれも素晴らしい空間体験だったが、とくに脳裏に刻まれたのがマイレア邸だった。

確かに素晴らしいのだが、何が素晴らしいか言葉に出来ない。その意味では不思議な空間だった。空間の密度と濃淡、家具や調度の雰囲気、微妙な光、そうしたものすべてが響き合っているのだが、それをうまく語ることが出来ない。空間体験でしか得られないもの、それがあそこにあった。突然の訪問だったので、その時はエントランスからすこし入ったところまでしか入れなかった。それでもそこから見渡したリビングの空間は充分に素晴らしかった。

二〇〇三年、三年に一度開かれるアルヴァ・アアルトシンポジウムに講師で招かれ、講師陣の打ち上げパーティがマイレア邸で行われた。天にも昇るような気持ちだった。昼過ぎに到着し、日が暮れて夜まで、自由に使っていい、という建て主であるマイレ＆ハリー・グリクセン夫妻の子息であるクリスチャン・グリクセン氏の配慮だった。忘れ得ぬ特別な時間を過ごした。のぼせ上がっていたのかもしれない。グラスや器、椅子、それらがどのようであったか思い出せない。すべてが空間の中に過不足なく溶け込んで一体になっていたのに違いない。

夕暮れ時パーティが催され、建築評論家のウィリアム・カーチスがスピーチで語った。建築が人に与える力は、優れた絵画や彫刻や音楽に比べて控えめなものだ。しかし、建築空間が人々に働きかけるその力は持続的で絶え間ない。それ故、長い時間の中でそれはとても大きいのだ、と。

アイノ・アアルトのデザインはさり気なく控えめなものだ。ガラスであれ木であれ素材の性質を熟知し、それを生かす工夫を凝らし、モダンデザインを注意深く逸脱しないように、そして慈しむように再構成する。代表作であるechoing rings of waterというタイトルが付けられた普段使いのガラスの器を使っている。名付けられたように、水の輪のようなきれいな紋様が付けられている。朝の光がそれに当たると、きれいな水紋がテーブルに描かれる。見た目以上に軽く、微妙にエッジが丸められていて手に温かな感触がある。グラスを重ねても、ガラス同士が最低限の接触できれいに納まる。機能的で端正なモダンデザインでありながら温かく実用的なのがうれしい。

空間はその中に身を置き、時を過ごし、体感するものだ。そこに置かれている家具や調度品は、人間の身体が直に触れるものだ。人はまず空間を体感し、椅子に座り、テーブルの上に置かれたグラスに触れる。椅子から体に伝わる身体の受け止め方、手から伝わる触覚、空間を満たす光や音。体に働きかけるそれらすべてが、けっして言葉にならない体験を生むのである。ようこそ、居てもいいんだよ、と言われているような温かな感覚。それは言葉にならない。

アイノのデザインは、アルヴァの空間に溶けている。われわれは、アイノの器を手にすることによって、遠い国の森の中にあるアルヴァの空間のちいさな断片を手に入れることができる。そしてあの時代、アルヴァとアイノが創り出そうとした空間のビジョンに直接触れることが出来る。

構築する意志と感情の熱量

ベルリンフィルの指揮者だったフルトヴェングラーは、著書『音と言葉』のなかで、ベートーベンの音楽について、「なんという鋼鉄のような冷静と透徹、なんという仮借のない自己抑制への意志、あらゆる素材をその最後のどんづまりまで押しつめて形成せずにはおかぬ意志が支配していることとか」と書いている。これはまさに建築が目指すべき到達点のことであり、建築という意志が常に向き合わざるを得ない構築性そのもののことだ。

ある老資産家が、某国立大学に講堂を寄付をされることになり、その設計をさせていただくことになった。この老資産家は、戦後の苦しい暮らしの中で大学に行くことが出来なかった。だから、人生の集大成として学び舎の若い世代に何かを残したい、という思いから講堂を寄付することにした。似たような話として、戦前、財を成し安田財閥を作り上げた安田善次郎が、晩年に東京大学に安田講堂を寄付した例がある。

入学式や卒業式で学生が一堂に会することができる規模であること、日常的に活用されるように、そしてクラシックのコンサートができるように、という三つが要望だった。国立大学とはいえ学生は一学年三〇〇〇人もいる。この規模のホールで音響を成立させるのはかなり高度なテーマだ。一方で、日常的に活用するためにこの大空間を区切って、一〇〇〇人規模のホールと五つの階段教室で利用できないか、と大学側からは求められた。もちろん大小どちらの利用形態でもクラシックコンサートに耐える音場をつくり出さねばならない。

一堂に会した一体感とクラシックのような繊細な生音にも対応できるような音場をつくり上げることは、古来より建築的には両立しがたい難問だ。それを大小の規模で実現しなければならない。なにかの機会にこの難しさを老資産家に説明したのだが、クラシック音楽に対する強い思いは変わらなかった。何故、そこまでクラシックにこだわるのか。おおよその構想が固まりつつあったあるとき、その理由をうかがった。

若い頃、かなり重い肺結核に罹って入院し、生死の境を彷徨った。当時、結核は重篤な病に属していた。今日か明日か、もう駄目かもしれない、と思っていたある日、どこからともなく音楽が流れてきた。その時は分からなかったのだが、どうやらそれがどこかの病室でかけられたベートーベンの第五交響曲だったらしい。その音色に励まされて生きる気力を取り戻したのだという。その時から、自分にとってクラシック音楽は、単なる音楽ではなくて生きる上で心の糧となったのだ、と自らの生涯を語った。ベートーベンの音楽は圧倒的に構築的である。時にその力は人の生死の境にかかわるほどの力を持っているのである。

わたしはクラシック音楽を聴くのが唯一といっていいほどの趣味で、数百のＣＤが本棚の一画を占めているが、どういうわけかベートーベンは少ない。なぜベートーベンをそれほど聴かないのか。おそらくそれは、そのスケールは置くとして、建築家としてのわたしが日々向き合っている現実と似過ぎている、からなのではないかと思う。

建築という営為は、言葉の原義からしても、まさしく構築する意志そのものである。そして、そこに生み出される空間に生命を与えるためには、構築物に揺らぎを与える熱量が求められる。人の欲望や理不尽さ、機能性や経済性、といった社会的な事柄に紛れながら、構築する意志がひとたびでも揺らげば、本当の意味での建築は成立しない。また同時に、それを人の感情に結びつけるには、時にはその構築を否定するような強い熱量が求められる。

ベートーベンの音楽には、強固な構築する意志があり、さらにその構築物に揺らぎをもたらす巨大な感情の熱量がある。その音の構築物は、そんな建築の状況と近すぎるのだ。だから、そうでないもの、その外にあるもの、より叙情的なものを聴きたいと思うようになるのだと思う。

講堂のオープニングでは、主賓である老資産家を囲んで会場を埋め尽くした聴衆を前に、大学の管弦楽団による第九が演奏された。ホールの空間が一体となり、建物と音がシンクロし、空間全体が楽器になったような瞬間を味わった。この時、音楽と建築的な思考が一瞬重なり合ったような気がしたのだが、この関係が本当の意味で無理なく折り合いをつけるには、わたし自身の生き方と作り出す建築そのものが、もう少し老成する時期を待たねばならないような気がしている。

建築はほほえむ

ここのところ建築は、なにかと後ろ向きな話題が多い。こういう世相にさらされているところこの本が気になってくる。

本棚から取り出して、あらためて手にしてみる。頁には以前読んだときに付けたいくつもの折り目のマーキングがされており、その頁をめくると、すばらしい言葉の数々に出会うことが出来る。そして、頷きながら読んだときのことを思い出させてくれる。あの頃からずいぶん遠いところまで来てしまったんだなぁ、という実感がため息とともに浮かんでくる。同時に、いやいやまだまだ、という励ましの声も行間から聞こえてくる。この本の語り口は優しい。

『建築はほほえむ』、まずこの題が良いではないか。松山巖さんが二〇〇四年に西田書店から上梓した本だ。彰国社の『建築学の教科書』に「小さき場のために」として収められていたものに大幅加筆をして発刊されたものだ。松山さんから本をいただいたとき、本の装丁から伝わってくるこだわりにただならぬものを感じた。外見はチープな素材でラフな出で立ちだが、そこに確かな精神が宿っていることを直観させる。小さな本だが、手触りが温かく、軽くて、本質的で、そして不思議な存在感がある。装丁自体が本の内容を表現し、著者の人となりを表している。まるで松山さんのような本だ。

本を開く。まず、字組がよい。どうやら今時珍しい活版印刷のようだ。やはり紙と字の相性に独特の味わいがある。そしてエディトリアルデザインがよい。各頁の余白のとり方、驚かされるような字組のレイアウト、図柄と写真の入れ方。奥付にデザイナーの名前が入っていないから、このあたりは松山さんと編集者のこだわりだと推測する。一筋縄ではいかない手ごわさがある。ところが内容は分かりやすい。とても平易な文章で大切なことを伝える、という書き方に徹している。中学生が読んでも理解できるのではないか。

とかく建築を巡る論議は、哲学的難解さを伴ったり、専門的知識の羅列になったり、分かりにくいものが多い。それはそれでやむを得ないところもあるのだろうが、建築の深いところにある誰もが一度は抱いた夢のようなものは、平易な言葉で書かれるべきだ。それがこの本の中にある。ああそうだったよね、と思い出させてくれる。大切なことを易しい言葉で伝える。これは至難の業だ。それがこの本の中でいとも自然に成立している。

つまり、この本はほほえんでいるのだ。

建築論でもある名著『ユーパリノス』を著したポール・ヴァレリー。最後に、この本と同じようにたくさんの頁を折ってマーキングを入れたヴァレリーの文学論のなかの二つの言葉をこの本に献じたい。よりよく内容の全体を表しているように思えるからだ。

「新しさの中にあって最上のものは、古い欲求にかなうものなのだ。」

そう、まさにこの本の風体と内容は懐かしいものを想起させる。でもそれは失ってはいけない最上の新しさでもあるはずだ。

「日が僕の思念を明るくする。僕の思念が僕の夜を明るくする。」

そう、こんな時代だからこそ、建築の原点に帰って、自らの内にしっかりとした思念を育て、曇りのない目で建築を見つめ直そう。

たぶん、建築はほほえんでくれるはずだ。

建築という精神

だれにも記憶の奥底にある空間体験があります。その空間に身を浸して過ごした時間体験があります。忙しさに紛れてすっかり忘れてしまっていますが、ふと立ち止まると、それが今の自分を支えていることがわかります。

わたしにとって鎌倉の近代美術館は、中学生の頃から心を育んだ場所です。鎌倉駅近くにある御成中学校というところの学生でした。運動部でしごかれていましたが、土曜日などに隙間を見つけては、こっそり一人で近美に足を運びました。かなり硬派な運動部でしたから、美術館に行くなんてことは少し気恥ずかしい気持ちがしたからです。でも、あの場所を訪れると、なにか我を取り戻すというか、ホッと救われる感じがしました。

まだ住宅が散在する田舎の風情だった小町通りを抜けて、八幡様の鬱蒼とした森を迂回するようにして美術館の門を入ると、そこは別世界でした。正面入り口の大階段の中央にI形鋼の細くて黒っぽい柱が立っていて、その内側に塗られた赤がなんともモダンで鮮やかでした。やはり忘れられないのは、池に面したピロティの空間です。細い柱が池の石に刺さっていて不思議な感じでした。夕方になると、池に反射した水紋が大谷石の壁と白い天井に紋様を作り、それを飽かずに眺めていたことを思い出します。

展覧会で覚えているのは、パウル・クレーの展覧会。ずだ袋を裂いたような粗い布切れに描かれた色鮮やかな不思議な絵を見た記憶があります。いずれも五〇年も前のことですから、間違って記憶しているかもしれません。

わたしの記憶の中に強く残っているのは、美術館という体験です。そこで過ごした時間の記憶です。アートに触れたことも大切ですが、それよりも美術館という場に身を置いた記憶が、いまだに身体の中に残っています。大人になって建築家として身を立てているわけですが、記憶の奥底や身体の芯に残っているあの空間体験と時間体験は、有形無形で今も役に立っています。具体的にあの建物の何かをどうこうするとかいうのではなくて、あの場所に身を置いて過ごした空間の質や時間の肌触りが今のわたしにとっては大切な財産なのです。

一方で、今は建築家としてあの建物を別の目で見ることができるようになっています。よく見れば簡素きわまりない建物です。一階の壁に使われている大谷石も、住宅の築地塀に使われているくらいですから、当時は安かったはずです。ファサードに使われているパネル、それを押さえているアルミの押し縁など、いかに安価につくられたかがわかります。建築家の苦心の跡が窺えます。戦後間もないあの頃は、行政もお金のない時代だったのです。その中で、廉価な材料を使って最上の空間を創り上げようという強い意志が、あの建物の骨格をつくっています。その強い意志は、われわれにメッセージとして今もひしひしと伝わってきます。

多くの人が誤解していますが、「建築（architecture）」という言葉と「建物（building）」という言葉は違います。「建物」は具体的なモノのことです。一方、「建築」は抽象名詞で「構築する意志」とでも訳すしかない類いのものです。だとすると、この建物の中に残っている構築しようとした意志、それこそが「建築」なのです。モノが簡素であるだけに、かえってそれを鮮やかに見ることができます。中途半端な豊かさを手に入れた今、それは不可能なことです。

守るべきはこの建物が発している「建築」という名の意志です。それは先人が残した次世代への貴重なメッセージです。このメッセージを傷つけることなく利活用して次世代に渡すことが、建物を生かす上で大切なことだと思っています。

神社仏閣の歴史からしたら百年に満たない近代建築の歴史はとるに足らないものかもしれません。それでも、第二次世界大戦後の日本の状況は、長い歴史の中でも大きな危機の時期であり、その時代の人たちが近代建築を唯一の糧として生きようとした証しは貴重なものであるはずです。それは、困難な未来を生き延びる精神として後世に役立てるべきものだと思っています。

あとがき

ここに取り上げられた文は、二〇一三年から二〇一九年の間に書いたものです。いずれも3・11以降の激流に身を曝すなかで、時に目の前のことに囚われ過ぎないように遠くを見、時に動きを止めない状況を捉えようとして近くを見、すがるような気持ちで書いたものばかりです。

大学で締めくくりとなる最終講義の三〇分前、一四時四五分頃、大きな揺れが来ました。三月一一日でした。大学を辞して建築の設計に専念しようと思っていた目論見はおおきく外れました。今から思えば不思議な縁で、さまざまな三陸の復興に関わることになります。大学に割いていた時間が、そのまま復興に関わる時間に代わりました。

三陸の復興では、国、県、市などの一六の委員会のメンバーになり、その幾つかで委員長にもなりました。一〇年近くになりますが、三陸には二〇〇回以上通ったはずです。建築家として誰よりも被災地に足を運んだという自負があります。それでも、どれだけ役に立てたのか、と言われればまったく自信がありません。ほとんどが負け戦です。一〇の事柄を提案して、受け入れられるのは一つくらいです。それでも、一つでも受け入れてもらえるなら、それだけ地域に貢献できたことになります。この一つがある限り、通わねばならないと思っています。ゼロになれば行くつもりはありません。

たくさんのことがありました。ままならない三陸の復興、それに加えて新国立競技場の問題にも巻き込まれたました。世の中の表と裏、人の心の表と裏を見たような気がしています。生きることは難しい。うまくいかないことばかりです。誠心誠意向き合っているつもりなのですが、いつも予想外のことが起きてきて、思ったようにはいきません。

それでも自らに誇れるのは、この状況の中でも建築をつくり続けてきたことです。少しでも良い建築をつくろうとしてきたことです。都市や土木や景観、さらには文化を論ずるときも、いつも思考の出発点は建築を思考する作業の延長で出てきたものでしたし、その思考の仕方はまぎれもなく建築を構築していくときのやり方でした。また、多くの組織と複雑な人間関係を扱わざるを得ない都市的なプロジェクトでも、関わる人たちのモチベーションを上げ、それを維持させていくことが必須であることは、建築の現場から学んだことです。

建築を基点として、さまざまな文章を書いてきました。わたしはプロの物書きではありません。その意味で、素人の書いたつたない文章です。つくる人間が考えたこと、わたしの思考や言葉になにがしかの意味が在るとしたら、そこにしかないはずです。つくることを通して感じたこと、思ったこと、疑問に思って調べたこと、それを可能な限り率直に文字にするようにしています。

3・11の被災地の光景は、今でも忘れることができません。おそらく、一生脳裏に刻まれたままになるでしょう。あそこで奪われたのは穏やかな暮らしの時間です。それまで暮らしを営まれてきた方々の時間が、わずか一〇分足らずの間のあの瞬間に消えたのです。復興は、それを取り戻すための力となるはずでした。多くの人の努力によって新しい街が出来あがりつつあります。

でも、空間はある程度は取り戻せるかもしれないけれど、失われた時間は戻ってきません。その思いは強くなるばかりです。だからこの先、建物の空間や街の空間が豊かなものになるのかどうか想像ができません。われわれに出来ることは、それを信じて、可能な限り「時間が生まれ育っていくような空間」をつくることだけです。

コロナ禍を契機に、ようやく世の中が変わろうとしています。この激しい変化の時代にこれまで書いたものを所収した本を上梓することには、多少のためらいがあります。状況はいまだに流動的で、流れ着く先が見えていないからです。しかし、よく考えてみれば、いまコロナに関しての対応で世の中で議論されていることのほとんどは、実は3・11以降に議論してきたことばかりです。

個人の権利の問題、経済の問題、人口減少の問題、都市と地方の問題、交通や情報通信といった新しい技術の問題、コミュニティの問題など、どれもこの社会の底流にあって、たやすくは変わらないテーマです。災害やコロナ禍のような大きな社会的なインパクトがあると、日常では見えにくいそれらが浮上してくるのです。

多くの人の目がそこに集まっている時に、今度こそそれを正面から見据え、正しく認識し、望ましい形に変えていけるのかが問われているのだと思います。そう考えれば、この本を上梓するのも何かの役に立つのかもしれません。

いつものとおり、書き散らした文章を編集者の山岸久夫さんが読み込み、テーマごとのくくり直しをし、本に仕立ててくれました。その意味でこの本は編集者との共作です。文章のチェックと校正は、いつも事務所の小田切美和が担当してくれています。幸いなことにわたしは、建築の仕事もそうですが、それ以外の部分でもたくさんの協力者に支えられています。残り少なくなりつつある生の時間を、みなさんに感謝しつつ、引き続き建築をめぐる思考を突き詰めていきたいと思っています。

内藤　廣

二〇二〇年一一月

初出一覧

復興における空間の力（東京大学復興デザインフォーラム2019.2）
母なるものと父なるもの（「新建築」2020.01）
どこかにある場所とそこにいるわたし─建築は都市の断片となり得るか（「新建築」2019.07）
悠久なものの影（「新建築」2018.11）
七万年の眠り（「新建築」2018.11）
精度と文化（「建築技術」2019.1）
言葉から空間へ（「新建築」2017.09）
「新しい凡庸さ」に向けて─体験的建築論（「新建築」2015.09）
呼びかける市庁舎（「建築技術」2015.10）
質実剛健な温かさを求めて（「近代建築」2015.08）
人の居場所を求めて（「新建築」2014.07）
直感の中に合理性を見出す（「近代建築」2015.05）
包まれるということ（「建築技術」2015.08）
三〇〇〇人が一堂に会する（「新建築」2014.07）
まちづくりの道具（「新建築」2016.05）
住宅のあと味（「住宅特集」2018.01）
桜と木蓮（「住宅特集」2019.02）
家のディテール（「住宅特集」2010.10）
時の落としもの（「淡交」2018.10）
民家は生きてきた（伊藤ていじ著『民家は生きてきた』所収　鹿島出版会2013）
〝古民家〟で過去と未来を繋ぐ設計集団（「住宅建築」2017.06）
村野藤吾の格闘（「工芸青花」新潮社2017.09）
地の塩（『宮本忠長の世界』所収　建築画報社2017）
石原義剛館長との日々（石原義剛著『うみはいのち』所収　東海水産科学協会2019）
明治一五〇年、建築をめぐる言葉の迷走
（戸谷英世著『欧米の建築家 日本の建築士』所収　井上書院2018）
建築と時間（「建築と社会」2014.08）
3.11から５年（「建設通信新聞」2016.3.11）
歴史・文化・風土とともにある建築の姿
（『コロンビアの環境建築』所収　鹿島出版会所収2016）
空間のビジョンを創るということ（『アイノ・アアルト展』図録2016）
構築する意志と感情の熱量（『ベートーベン展』図録2019）
建築はほほえむ（「日経アーキテクチュア」2016.12.8）
建築という精神（『鎌倉文華館鶴岡ミュージアム』プレオープン企画展2019）

内藤　廣（ないとう　ひろし）

1950年横浜生まれ。74年早稲田大学理工学部建築学科卒業。74‐76年同大学院にて吉阪隆正に師事、修士課程修了。76‐78年フェルナンド・イゲーラス建築設計事務所勤務（マドリッド）。79‐81年菊竹清訓建築設計事務所勤務。81年内藤廣建築設計事務所設立。2001年東京大学大学院工学系研究科社会基盤学専攻助教授。03‐11年同大学大学院教授。10‐11年同大学副学長。11年‐同大学名誉教授。

著書　『素形の建築』『内藤廣対談集 複眼思考の建築論』『著書解題 内藤廣対談集2』（INAX出版）。『建築のはじまりに向かって』『建築のちから』『場のちから』『構造デザイン講義』『環境デザイン講義』『形態デザイン講義』（王国社）。『建土築木1.2』『内藤廣と若者たち』（鹿島出版会）。『内藤廣の頭と手』『クロノデザイン　空間価値から時間価値へ』編集（彰国社）。『NA建築家シリーズ03　内藤廣』（日経BP社）。『内藤廣の建築 1992‐2004 素形から素景へ 1』『内藤廣の建築 2005‐2013 素形から素景へ 2』（TOTO出版）。『内藤廣+石元泰博　空間との対話』（ADP）。『内藤廣設計図面集』（オーム社）など。

建築作品　海の博物館（1992）、安曇野ちひろ美術館（1997）、牧野富太郎記念館（1999）、倫理研究所富士高原研修所（2001）、島根県芸術文化センター（2005）、日向市駅（2008）、虎屋京都店（2009）、旭川駅（2011）、九州大学椎木講堂（2014）、静岡県草薙総合運動場体育館（2015）、安曇野市庁舎（2015）、富山県美術館（2017）、福井県年縞博物館（2018）、とらや赤坂店（2018）、日向市庁舎（2019）、高田松原津波復興祈念公園　国立追悼・祈念施設（2019）、東京メトロ銀座線渋谷駅（2020）など。

空間のちから

2021年 1月30日　初版発行

著　者――内藤　廣　
発行者――山岸久夫
発行所――王 国 社
〒270-0002 千葉県松戸市平賀152-8
tel 047(347)0952　　fax 047(347)0954
https://www.okokusha.com
郵便振替 00110-6-80255
印刷　三美印刷　　製本　小泉製本
写真・図版――内藤廣建築設計事務所
装幀・構成――水野哲也（Watermark）

ISBN 978-4-86073-072-7　*Printed in Japan*

王国社の建築書

構造デザイン講義　内藤廣
建築と土木に通底するもの。東京大学における講義集成。
1900

環境デザイン講義　内藤廣
東京大学講義集成第二弾―環境を身体経験から捉える。
1900

形態デザイン講義　内藤廣
東京大学講義集成第三弾―使われ続ける形態とは何か。
1900

建築のはじまりに向かって　内藤廣
時間と共生する建築をめざして―建築家の持続的試み。
1900

建築のちから　内藤廣
いま基本に立ち戻り建築に何が可能かを問う渾身の書。
1900

場のちから　内藤廣
我々の生きる時代とは何か。「場のちから」を受け止める。
1900

建築家の考えた家に住むということ　内藤鏡子
「共生住居」で紡ぎ出される家族四世代の生と死の物語。
1600

数字は本体価格です。